JN084394

生徒指導提要（改訂版）準拠

現場で役立つ
教育相談入門

春日　由美・五十嵐　亮　編著

聴　く

子どもたちの　幸せのために

理　解　す　る

伝　え　る

つ　な　が　る

北樹出版

は じ め に

　先生になりたい学生の方も、現在学校で勤務しておられる先生も、不登校やいじめへの対応、保護者との関わりなどに不安を感じたり、悩むことも少なくないのではないでしょうか。私自身、大学の教育学部で教員をしていますが、学生からこれらの不安を聞いたり、学校の先生方を対象とした不登校や保護者との関わりに関する研修を依頼されることも少なくありません。

　一方で、このような児童生徒への関わりの基本である教育相談の力は、新規採用1年目4月の先生にも求められます。つまり大学での教育相談に関する学びは、実際に先生になった時にすぐに役立つ具体的なものでなければならないでしょう。そのため、情報量が多くて専門的すぎる「学問としての教育相談」のテキストではなく、**現場で働くために最低限必要な情報**があり、かつ**具体的な対応が示された**「実学としての教育相談」のテキストが必要だと常々思っていました。

　また、現場で経験を積まれているベテランの先生からも、教育相談への不安や難しさをお聞きすることも少なくありませんでした。そのため、**現職の先生方にも役立つような教育相談の本**があればいいのにとも思っていました。

　教育相談は生徒指導の一環であり、中心的役割を担うとされます。2022年に改訂された「生徒指導提要」では、「生徒指導の基本的な進め方」や、いじめや不登校をはじめとする「個別の課題に対する生徒指導」が詳細に示されました。今回の改訂では、予防や早期対応、児童生徒の発達を支えるような積極的な先手型の生徒指導など、子どもたちの発達や成長を積極的に支える方向性が詳細に示されました。このように、改訂された「生徒指導提要」は充実した内容になっていますが、一方で約300ページとボリュームもあり、先生になりたい学生や、現職の先生方がすぐに熟読することは、困難かもしれません。

　本書は、「生徒指導提要」をふまえながら、現場で役立つ最低限の、しかし必要不可欠な内容をできるかぎり含むようにしました。先生をめざす学生や現職の先生方に、しっかりと読んでもらい、**本当に子どもたちが幸せになるために役立ててほしい**という思いで作っています。また、教員をめざす学生の皆さんには教員採用試験対策でも役立ててもらうため、各テーマに関連する重要資料についても示しています。

　先生の教育相談の力量は、子どもたちの成長や適応に大きく影響します。また、教育相談の力量は、子どもだけでなく先生自身も確実に楽にします。また、子どもに課題が見られると保護者はたいへん不安になると思います。本書は、先生や教員をめざす学生の皆さんだけでなく、保護者や地域の方々といった子どもに関わるさまざまな大人の方にも読ん

でいただけると嬉しく思います。本書が、子どもと子どものまわりの大人を幸せにするために役立つことを願っています。

山口大学教育学部准教授

春日　由美

🏫 どの子も幸せになれる教育実践を願って 🏫

　子どもと向き合うたびに、自らの教育方針は揺らぐものです。子どもを前に揺らぐということは、誠実に子どもと向き合っているという証だと思います。自ら見立てた方針は今の子どもの実態を前に、揺らいで当然だからです。教育とは、子どもの実態を無視した実践はあり得ません。ともに育ち合うのが共育であり、子どもとアウトプット、インプットの相互の響き合いがあるからこその響育だと考えるからです。子どもは、今を生きています。だからこそ、今が幸せであってほしいのです。喜怒哀楽を安心して表現でき、自分で自分を耕し、最後は自分で決める機会を保障されるから、子ども時代をその子らしく生きていけるのだと思います。不寛容が社会に蔓延しています。教育の現場も、少なからずその影響を受けています。求める姿ばかりを子どもに問い、子どもから（大人は）こうあってほしいと願う姿には、不誠実な対応をしていないでしょうか。子どもは、今をともに生きる仲間（＝パートナー）です。学校に行けずに苦しい時も、学校に行かないと考えている時も、どんな時も、ともに生きる仲間として、幸せになってほしいと切望しながら向き合う教育実践者であってほしいと願っています。

社会福祉法人相愛会保育園・相愛ひめぎ保育園統括園長／宮崎県教育委員

高木かおる

目　　次

現場で役立つ
教育相談入門
── 子どもたちの幸せのために ──

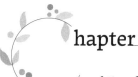

hapter 1

教育相談とは

 第1節 │ 教育相談はなぜ必要？

✓ 教育相談は、全児童生徒対象の発達支持・課題予防・困難課題対応の教育活動
✓ 教育相談の目的は、児童生徒の社会的自己実現のための働きかけ
✓ 予防・早期対応を行うことが、子どもも教員も幸せにする

教育相談が必要な理由 （「重要資料」1-1 を確認しましょう）

■ 教育相談とは、不登校やいじめ、非行や虐待等の児童生徒が抱えるさまざまな課題に適切に対応したり、それらへの予防的取り組みも含む教育活動です。そして教育相談を行うためには、児童生徒を理解し、信頼関係を築くことだけでなく、保護者や同僚と良好な関係を築くことも必要です。このような教育相談の力は、教員の基礎的、かつ重要な資質能力の一つと考えられます（春日，2020）。現在、教育相談が重要視されている背景として、深刻ないじめや不登校の増加、障害のある児童生徒や虐待への対応など、さまざまな児童生徒への対応が求められていることがあげられます。

教育相談とは （「重要資料」1-1 を確認しましょう）

■ 教育相談は**生徒指導の一環**として位置づけられ、現代の児童生徒の**個別性・多様性・複雑性**に対応する生徒指導の**中心的**な教育活動と考えられています（文部科学省，2022）。教育相談は「全ての児童生徒を対象に、**発達支持・課題予防・困難課題対応**の機能を持った教育活動」であり、その目的は「児童生徒が**将来**において**社会的な自己実現**ができるような資質・能力・態度を形成するように働きかけること」とされています「（「重要資料」1-1）。また新しい生徒指導提要では、生徒指導について4層での重層的な支援が示されました。これは生徒指導

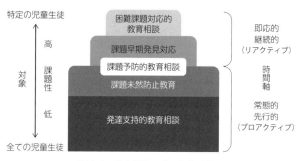

図 1-1 教育相談の重層的支援構造
（文部科学省（2022）を参考に著者作成）

だけでなく、生徒指導の一環とされる教育相談も同様と考えられます。

①**発達支持的教育相談**：すべての児童生徒を対象に、さまざまな資質・能力の積極的獲得を支援する教育相談活動。通常の教育活動のなかで意識することも重要（例：教科学習で対人関係スキルや協働的問題解決力を身につける）。教育課程内外のすべての教育活動で行われる（例：教員からの挨拶、声かけ、励まし、授業や行事等を通した働きかけ）。

②**課題予防的教育相談・課題未然防止教育**：全ての児童生徒を対象に、特定の問題や課題の未然防止を目的とする教育相談（例：全児童生徒対象のいじめ防止プログラム）。

③**課題予防的教育相談・課題早期発見対応**：問題や課題の兆候がみられる特定の児童生徒が対象。早期発見を行い、即応的に対応する。

④**困難課題対応的教育相談**：困難な状況や課題を抱えているなど特定の児童生徒が対象。ケース会議を開き、教育相談担当者を中心に情報収集を行い、専門家とともにアセスメントを行い、校内外のネットワークを活かし、手厚い支援を組織的に行う。

■　教育相談の**対象**は、上記①②ではすべての児童生徒、③④では**特定の児童生徒**になります。また、児童生徒を支えるために**保護者を支える**ことも必要になります。そして、教育相談の**内容**は、上記①〜④のように、個人や社会の一員として生

図 1-2　重層的支援における課題早期発見対応と困難課題対応
（文部科学省（2022）を参考に著者作成）

きていく上で大切なさまざまな**資質・能力を身につける**働きかけや、**特定の課題への対応**があります。④の段階になると児童生徒も長期に苦しむ可能性が増え、教員も長期に対応することになります。③のように早期発見・早期対応することが、長期化を防ぐことにつながります。また、①②のように予防・未然、あるいは発達支持的教育活動を行うことで、児童生徒が課題を抱えにくくなり、集団適応力を高めることにつながります。つまり、**予防や早期の教育相談活動**が、子どもも教員も幸せにすると言えます。

（春日　由美）

おさえてほしい「重要資料」
1-1「生徒指導提要（改訂版）」文部科学省（2022）第 1 章 1.2、第 3 章 3.3

第2節 生徒指導と教育相談・教育相談体制

✓ 教育相談は生徒指導の一環
✓ 積極的先手型のプロアクティブ支援と、事後対応型のリアクティブ支援の2軸
✓ さまざまな教育活動が重なり合うことで、豊かな支援体制につながる

教育相談の構造 （「重要資料」1-2 を確認しましょう）

■ 生徒指導提要（改訂版）（「重要資料」1-2）では、「**生徒指導と教育相談を一体化させて、全教職員が一致して取組を進めることが必要**」とされています。生徒指導と教育相談を一体化させる上で、以下の点が重要です。

①指導や援助の在り方を**児童生徒理解（アセスメント）**に基づいて考える。
②児童生徒の状態により、**柔軟な働きかけ**を行う。
③どの段階でどのような指導・援助が必要か、**時間的視点**を持つ。

　援助や指導は、教員の「きっとこうだろう」という思い込みで行うのではなく、まずアセスメントが必要です。また、「こうすれば必ずうまくいく」というようなマニュアルはありません。つまり教員には、目の前の児童生徒を理解した上で、そのつど、今どのような関わりを行うべきかを考えるプロとしての姿勢が求められます。

■ 生徒指導提要では、生徒指導は児童生徒の課題への対応を時間軸や対象、課題性の高低から**2軸3類**に構造化できるとされています。これは生徒指導の一環とされる教育相談も同様と考えられます。

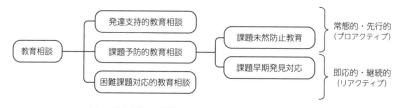

図1-3　**教育相談の分類**（文部科学省（2022）を参考に著者作成）

■ **2軸**とは、児童生徒の課題への対応の時間軸です。「**常態的・先行的（プロアクティブ）**」とは、積極的な先手型の働きかけです。「**即応的・継続的（リアクティブ）**」とは、事後対応型の働きかけです。

■ **3類**とは、課題性の高低と課題への対応の種類の分類です。全児童生徒対象の「**発達支持的教育相談**」、全児童生徒対象の「**課題未然防止教育**」と課題の前兆がみられる特定

の児童生徒対象の「課題早期発見対応」からなる「**課題予防的教育相談**」、深刻な課題を抱える特定の児童生徒対象の「**困難課題対応的教育相談**」です。

教育相談と生徒指導

■ 生徒指導は集団に焦点を当て、教育相談は個に焦点を当てるとも言われますが、個人的な適応が集団での適応につながり、集団内での適応が個人の適応につながると考えられます。つまり、生徒指導と教育相談はいずれも、個と集団の両方に働きかける必要があります。

■ 教育相談におけるアプローチでは、**個人の内面**の成長や適応だけでなく、**他者との関係**における個人の成長や適応を促す働きかけも行います。

■ 教育相談は生徒指導の一環ですが、生徒指導のなかでも、より個人という視点を大切にしながら、個々の児童生徒や集団を理解し、働きかける側面が強いと言えるでしょう。

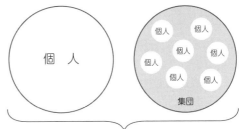

教育相談はどちらにもアプローチ

図 1-4　個人と集団に関わる教育相談

教育相談と生徒指導等が一体となる支援　（「重要資料」1-2を確認しましょう）

■ 問題行動を起こす子どもへの指導では、行動の背景を理解したり、子どもとの信頼関係を築くことが必要です。そこで、教育相談の基盤である心理学の理論やカウンセリングの考え方が役立つことが考えられます。また、効果的な生徒指導のためには、校内外の連携のためのコーディネートなど、教育相談の側面は重要です。

■ 生徒指導だけでなく、キャリア教育や特別支援教育も教育相談と重なり合う教育活動です。児童生徒の発達を支えるものとして、それぞれが別々に機能するのではなく、一体となり、有機的に機能する**包括的支援体制**を作ることで、豊かな支援につながります。

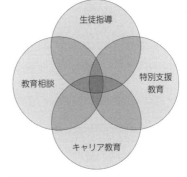

それぞれの分野が垣根を越えて支援体制を作る

図 1-5　教育相談と重なり合う教育活動

（春日　由美）

おさえてほしい「重要資料」

1-2「生徒指導提要（改訂版）」文部科学省（2022）第 1 章 1.1、1.2、第 3 章 3.3、3.4

第3節 | 新しい生徒指導提要からみる教育相談

- ✓ 自ら考え行動し、自分らしく生きていく力を身につけることを支える
- ✓ 児童生徒と関わるためには、深い児童生徒理解が必要
- ✓ 児童生徒・保護者との信頼関係のために、まず教員が児童生徒や保護者を大切に思う

これからの教育相談の視点 （「重要資料」1-3を確認しましょう）

■ 新しい生徒指導提要では、教育相談は生徒指導の一環であり、中心的教育活動とされます。生徒指導の目的は「児童生徒一人一人の個性の発見とよさや可能性の伸長と社会的資質・能力の発達を支えると同時に、自己の幸福追求と社会に受け入れられる自己実現を支えること」とされ、そのために児童生徒の「自己指導能力」も必要とされています。

■ つまり教育相談では、自分らしく、そして社会の一員として生きていくための力も身につけながら、その子がその子らしく幸せに、社会とつながりながら生きていくことを支えることが重要です。子どもの人生はその子のものです。一般論や教員の価値観でなく、その子の視点で何が幸せかを考え、その子が自分で考え行動し、自分の人生を生きていく力を身につけることを支えることが大切です。

■ 生徒指導提要では、生徒指導の実践上の視点として以下のことがあげられています。

①自己存在感の感受 （一人の人間として大切にされている感覚を実感できるようにする）

②共感的な人間関係の育成 （自他の個性を尊重し、相手の立場で考え、行動する相互扶助的で共感的な人間関係を早期に創る）

③自己決定の場の提供 （「主体的・対話的で深い学び」ができる授業を行う）

④安全・安心な風土の醸成 （お互いの個性や多様性を認め合い、安心して学校生活が送れる風土を作る）

①～④のいずれも、教育相談的理解や関わりは重要な役割を果たします。①のためにも、まず教員が児童生徒を共感的に理解し、大切な一人の人間として誠実に関わります。そして児童生徒が教員の共感的な関わりにふれることで、②が促進されるでしょう。また、教員が児童生徒の考えや思いをしっかりと聴くことで、児童生徒は安心して、③の自己決定をすることができます。さらに教員と児童生徒が互いに共感的な人間関係を築くことが、④のような安全・安心な風土の醸成につながります。

■ ①～④の視点は、結果的に教員のことも助けます。教員が一人ひとりの子どもを大事に思う、子どもたちの話を一人の大切な人の話としてしっかり聴く、子どもたちを尊敬する、そうすることで子どもたちも教員のことを好きになり、大切に思ってくれ、相互の信頼関係につながります。そしてそれが教員の仕事のやりがいや効力感にもつながるでしょ

う。ぜひ、「おすすめ書籍」も参考にしてください。

児童生徒への関わりの基本

■ 教育相談も生徒指導も**児童生徒理解**が基本です。第2章で詳しく述べますが、児童生徒の心理面・学習面・社会面・健康面・進路面・家庭面等、**さまざまな視点**から理解します。またアンケートや作品、作文、試験の解答用紙等も大切な情報になります。そしてもっとも重要なのが、児童生徒と直接関わるなかでの理解です。

■ 一人での理解でなく、関わる**複数**の人による理解が大切です。教室での様子と部活の様子が違ったり、学校と家庭の様子も違ったりする可能性があります。そして、児童生徒本人以外に、もっとも情報をもっているのは**保護者**です。

■ 児童生徒を理解し、関わるためには、児童生徒・保護者・教員の**互いの信頼関係**が必要です。生徒指導提要では、児童生徒の権利についてもふれられています。児童生徒や保護者に「信頼してほしい」と思うなら、まず**教員自身**が児童生徒や保護者を信頼し、誠実に関わることが必要です。信頼するのが難しいと思う時は、好きになれそうなところや頑張っていると思えるところを見つけましょう。信頼関係については第2章を見てください。

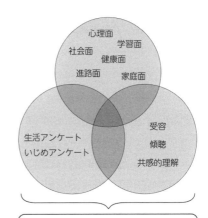

担任、学年担当、教科担当、部活顧問、養護教諭、管理職、事務職員、保護者、スクールカウンセラー、スクールソーシャルワーカー

図 1-6　さまざまな視点からの理解とさまざまな人による理解

図 1-7　児童生徒・保護者・教員の相互理解と信頼

（春日　由美）

・・・・・・・・・・・・・・・・・・・・・・・・・・・・・・・・・・・・・・・

おさえてほしい「**重要資料**」
1-3「生徒指導提要（改訂版）」文部科学省（2022）第1章
子どもと先生を幸せにする「**おすすめ書籍**」
『飛び跳ねる教室』千葉聡（2010）亜紀書房
『CD ブック　しあわせ運べるように』臼井真（2011）アスコム

・・・・・・・・・・・・・・・・・・・・・・・・・・・・・・・・・・・・・・・

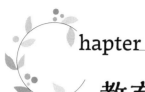

Chapter 2

教育相談で大切なもの

第1節 | 教員の自己理解とメンタルヘルス

- ✓ 児童生徒理解の前に、教員の自己理解が必要
- ✓ 教員の自己理解は教員を楽にし、児童生徒との関係も良好にする
- ✓ 教員が、普段から自分の「気持ち」や「体の感じ」に注意を向ける

教員の自己理解と児童生徒との関わり　（「重要資料」2-1 を確認しましょう）

■ 教員が児童生徒を理解し、関わるためには、まず教員の自己理解が必要です。その理由は、①児童生徒を教員が**自分の枠組み**（フィルター）を通して理解しているため、②児童生徒との関わりのなかに**自分自身**が含まれるため、③教員の**心理的安定**を保つためです。

■ 児童生徒理解では、そう思っているのは自分であり、他の人であれば、また違った理解をする可能性があります。「この子はこうだ」と決めつけるのではなく、「『この子はこうだ』と私が思っている」という意識をもつことで、問題から距離がとりやすくなり、冷静に関わることできます。保護者に対しても同じです。

■ 人間関係は相手だけでなく、自分も含まれます。教員が児童生徒を見ているように、あるいはそれ以上に、児童生徒は教員を見ています。自分の関わり方しだいで、児童生徒の態度や気持ちが変わる可能性は大いにあります。そのため児童生徒に関わる際には、児童生徒を理解するだけでなく、教員が自分自身のことも理解する必要があります。そして非言語的な教員自身の**態度**や、かもし出す**雰囲気**を含めて、自分のことをふり返ることが

「この子はこんな子だ」と思っているのは「自分」

必要です。児童生徒を自分の言う通りにさせようとするような「圧を感じさせる」教員の雰囲気は、学級開きの初日から容易に児童生徒とのあいだに壁を作り、子どもたちは心を閉ざしてしまいます。保護者に対しても同じことが言えます。

■ 加えて、児童生徒との関わりにおいて、教員が心理的に安定していることも重要です。気分のむらがあったり、突然怒り出し

たりするような教員では、児童生徒は信頼することは難しいでしょう。生徒指導提要で
も、教職員のセルフ・モニタリングについて言及されています。児童生徒を理解する前
に、教員が自分の**心理状態**に目を向け、自分のイライラや不安を児童生徒の問題にすり替
えていないか、自分をふり返ることが重要です。

教員の自己理解とメンタルヘルス　（「重要資料」2-1 を確認しましょう）

■　生徒指導提要（改訂版）では、生徒指導の基盤として、教職員のメンタルヘルスの維持
とセルフ・モニタリングや、教職員同士の受容的・支持的・相互扶助的な同僚関係（同僚
性）があげられています（「重要資料」2-1）。これらは相互に関連し合うと考えられますが、
ここでも、教員の**自己理解**が重要です。

■　図 2-1 のように、教
員が普段から自分の**気持
ちや体の感じ**に意識的に
目を向けるようにしてお
くと、自分の気持ちや体
調をつかみやすくなり、
メンタル不調を避けるこ
とにつながるほか、児童
生徒との関わりや、同僚
との相互扶助的人間関係

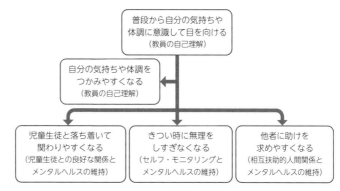

図 2-1　教員のメンタルヘルスと自己理解

につながり、結果的にメンタル不調を避けることにつながります。これらは春日（2022）
でも確認されています。

■　自分の気持ちや体の感じに注目する方法に「**フォーカシング**」があります。普段は意識
していないような自分の本当の気持ちや内面の感じ、言葉になる前のいろいろな感じに注
目する方法です。詳しくは第 13 章第 4 節に紹介されています。おススメです。

（春日　由美）

おさえてほしい「重要資料」

2-1「生徒指導提要（改訂版）」文部科学省（2022）第 1 章 1.4、第 3 章 3.2

2-2「教職員のメンタルヘルスについて（最終まとめ）」教職員のメンタルヘルス対策検討会議
　　（2013）

子どもと先生を幸せにする「おすすめ書籍」

『マンガで学ぶフォーカシング入門』村山正治（監）（2005）誠信書房

第2節 ｜ 児童生徒理解

> ✓ 理解があってはじめて関わることができる
> ✓ 「分かろうとする」ことが信頼関係につながる
> ✓ 多面的に複数の人で理解する

個別の児童生徒理解

■ 教育相談でも生徒指導でも授業でも、基本は児童生徒理解です。また一面的な理解や決めつけではなく、さまざまな視点から総合的に理解します。

①**心理社会的発達からの理解**：その子の年齢の一般的な発達を理解します。

②**個別的特徴**：性格、特性、知能、現在の心身の健康度、興味関心、長所短所などその子特有の特徴を理解します。問題が生じている時は、問題に注目しがちですが、そういう時こそ意識して、良い面にも注目します。また、教員自身がいいなと思える点や、おもしろい・興味深いと思う点など、つながれそうなことを見つけられると、関係をもちやすくなります。その他、提出物や授業での作品、試験の解答やいじめのアンケート等からも、個別的な理解につながる重要な情報が得られることがあります。

③**人間関係・環境・生育歴**：現在の家庭環境や生育歴、クラスでの人間関係、地域での活動など、周辺の人間関係や環境を含めた理解をします。

④**目の前の児童生徒の様子**：直接会っている時は、表情や声の調子、しぐさや目線、体全体から感じられる雰囲気も、理解をする上で重要です。言葉は本心と異なる場合もあります。言葉以上に全身の様子からの情報をしっかり受け取ります。

⑤**教員のもつ印象等**：たとえばいじめの可能性があっても否定する子どもがいるとします。でも教員がなんとなく違和感を感じる時は、それも重要な情報です。また、ある生徒といるとどうしてもイライラしてしまう場合も、なぜ自分がそのように感じるのかを考えることが、児童生徒理解や自分の関わりをふり返る上で重要な情報になります。

⑥**共感的理解**：「もし、自分が本当にその子（人）だったら、いったいどんな感じがしているだろう、どんなことを思っているだろう」と徹底的に想像します。共感的理解とは、安易に「分かるよ」などと言うことではありません。上記の①〜⑤も参考にしながら、「本当にもし自分が頭のてっぺんから足の先までその子だとしたら、どんな気持ちだろうか」「もし自分がその子が生まれた環境でずっと育ってきたとしたら、どんな風に思っているだろうか」「その子のような人間関係や性格、学力であったら毎日どんなことを考えているだろうか」と徹底的に思いを巡らせます。一生懸命に「あなたのことを理解しようとしている」姿勢は相手に伝わります。このように相手の視点で共感的に理解しようとするこ

とが、児童生徒や保護者への適切な言葉かけや対応につながります。

総合的理解と複眼的理解

図 2-2 関係を含めた総合的理解

■ 児童生徒個人の理解に加え、教育相談を行う上では、家族や関係機関、親族や友人・地域の方など、児童生徒に関わるさまざまな人や機関を含めて理解する**総合的理解**も必要になります。とくに、それぞれの人や機関の良いところや、資源として活用できるところにも目を向けましょう。

■ また、一人の教員で理解するのではなく、校内外の複数の関係者による**複眼的理解**も重要です。校内であれば、担任、学年主任、学年の教員、教科担当、教育相談担当、生徒指導担当、養護教諭、管理職、スクールカウンセラー、スクールソーシャルワーカーなど**複数の教職員**で理解することが大切です。事務職員が教員とは違った視点や関わりで児童生徒とつながっていることもあります。**保護者**はもっとも多くの児童生徒の情報をもつ人で、保護者からの情報や視点も重要です。校外の**専門機関**に通っている時は、連携することで、教員とは違った理解を得ることにもつながります。また**児童生徒自身**が課題や問題をどのようにとらえているかも把握できるとさらに良いです。

■ 理解において「何が問題や課題か」より、「なぜそうなっているのか」という問題や課題の**意味**を考えると良いでしょう。児童生徒の成長や自立の一過程など、問題や課題の肯定的側面が見えることもあります。児童生徒に関わる際も、やみくもに関わるのではなく、自分はなぜそうするのか、その意味を考えることが重要です。　　　　　　（春日　由美）

子どもと先生を幸せにする「おすすめ書籍」
『教師の話し方・聴き方』石井順治（2010）ぎょうせい

第3節 児童生徒との信頼関係

✔ 理解しようとする姿勢＋共感的理解＋理解を伝える＝「傾聴」
✔ 教育相談的関わりは、児童生徒の心の安定と成長につながる
✔ 一人の対等な人である児童生徒に対し、誠実に関わる

学校におけるカウンセラーの３条件と傾聴

■ 第２節で述べたように、**共感的理解**とは「もし、自分が本当にその子（人）だったらと徹底的に想像して理解すること」です。そして完全に理解することは不可能かもしれませんが、「一生懸命に理解しようとしている」姿勢は相手に伝わります。このように、一生懸命に相手を共感的に理解しようとしながら聴くことが**傾聴**です。聴きながら、「こういうことなのかな？」と自分の理解がずれていないか、自分の理解を相手に伝えて確かめることもあります。

■ 傾聴とは、おうむ返しに相手が言ったことをくり返したり、うなずいたりすることではありません。とにかく一生懸命に相手を理解しようと、**徹底的に想像**しながら聴くことです。そうすれば自然にうなずき、体全体で相手の話に耳を傾けているはずです。

■ 第13章第１節に詳しく述べられている**一致、共感的理解、無条件の肯定的配慮**というロジャーズが示した**カウンセラーの３条件**は、教育相談においても重要な概念です。一致とは、自分が体験していることと自分が意識していることが一致していることですが、これは第１節で述べた教員の自己理解とつながります。また、教員は自分のフィルターを通して児童生徒を理解するため、共感的理解においても教員の自己理解は重要です。

本当の受容と傾聴

■ **無条件の肯定的配慮**は受容とも言いますが、自分や社会の価値基準で相手を受け入れる・受け入れないを判断する（条件をつける）のではなく、条件をつけずに、とにかく目の前の児童生徒を一生懸命理解しよう、その子のことを受け止めようとする態度です。自分の言うことを聞いたら受け入れる、良い行いをすれば受け入れるというのは条件つきです。受容というと優しくすることのように誤解されますが、決して優しくすることではありません。その子が教員には受け入れがたい行動をしても、まずその子が今どのような気持ちなのかを否定せず一生懸命聴いてみよう、受け止めようとする態度です。

■ 大人も子どももネガティブな気持ちがあっても、ただ聴いてもらうだけでおさまることがあります。アドバイスされるより、ただ聴いてもらう方がよいことが少なくありません。否定も肯定もせず、ただ聴いてもらうことで、どのような自分であっても否定せず、

理解してくれようとしていると思うことができ、子どもが安心し、心の余裕が生まれ、自分をふり返ったり、自分に向き合いやすくなります。つまり、無条件の肯定的配慮や共感的理解、そして傾聴は、児童生徒の心の安定や自己理解、そして成長につながります。単なる甘やかしではありません。

■ ただし、気持ちと行動は分けます。気持ちはしっかりと聴きますが、行動を認めるかどうかは別です。間違った行動や自分や他者を傷つけるような行動、社会に出た際に児童生徒が困るような行動は、毅然として止めます。

子どもを一人の人として尊重する

■ 幼児期でも児童期でも青年期でも、どの子も毎日さまざまなことを思いながら、その子なりに一生懸命生きています。一人の対等な人の言葉として、短い時間でもいいので、「この子はいったいどんなことを思っているんだろう」と興味をもって、しっかり聴いてあげてください。

■ 子どもの人生の主人公は子ども自身です。学校は子どものための場所です。筆者はさまざまな課題を抱える子どものカウンセリングをしてきましたが、「自分はこう思う」と言えなくなっている子も少なくありませんでした。教員は「こうしてほしい」「これが正しい」と言うよりも、「あなたはどう思う？」と子どもの声にもっと耳を傾けてほしいと思います。すぐに言えない子も少なくありません。けれども、どの子もいろいろなことを思っています。「言わせる」ことが大事なのではなく、言えない時は「あなたが思っていることが聴きたい」「よかったらいつか教えてね」と伝えて待つことが大切です。

■ 子どもに対して、大人に言わないようなことを言ってはいけませんし、大人にしないようなこともしてはいけません。子どもも一人の人間です。年齢が若く、急激な発達のただ中にあり、経験が少ないだけで、人としての上下はありません。教員からの屈辱的な言動を子どもたちは生涯覚えています。そして大人への不信感につながることもあります。逆に、対等な人として子どもたちに誠実に関わった教員の態度は、生涯にわたり子どもたちを支えます。教員は子どもの一生に関わる尊い仕事です。

■ 子どもを一人の人として尊重する態度は、信頼関係につながります。また、教員が子どもを「きっとこの子は大丈夫」「きっと頑張ってくれる」「きっと一生懸命考えてくれる」と信じることが大切です。時間が長くかかることもありますが、大人が子どものことを信じることが、子どもが自分を信じたり、他者を大切にすることにつながります。

（春日　由美）

子どもと先生を幸せにする「おすすめ書籍」

『児童心理別冊　カウンセリングマインドと教師』深谷和子（編）（2011）金子書房
『児童心理別冊　教師のための話す技術・聴く技術』深谷和子（編）（2015）金子書房

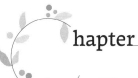
hapter 3

子どもたちを支えるための連携

 第1節 学校内でうまくつながるために

✓ 一人で抱え込むのは絶対NG、どんなことも日頃から学校全体に投げかける
✓ 問題発生時のスムーズな連携のため、教職員同士が日常的につながる（同僚性を育む）
✓ 複雑化・多様化した課題の解決のため、教員と校内専門家がチームとして対応する

日常的なつながり （「重要資料」3-1を必ず確認しましょう）

■ 児童生徒の課題を教員が一人で抱え込んでしまうと、その教員のみの視点や関わりで対応することになり、児童生徒にとって最善とは言えません。子どもたちを支えるために、他の教員と**連携・協働**することが必要です。

■ 校内の他者と日常から積極的につながることは**業務の一環**です。気持ちの良い挨拶や笑顔は重要です。職員室や事務室、印刷室や給湯室などでもちょっと勇気を出して、一言でいいので**雑談**してみましょう。日常的に他者と積極的につながることで、学校での自分の居心地も良くなります。

> ✿日常的なつながりの工夫✿
> ・挨拶 ・笑顔 ・感謝の言葉 ・共感 ・ユーモア ・話をしっかり聴く ・職員室にいる時間を増やす ・雑談、自己開示（天気や季節、趣味、TV、ニュース、スポーツ、最近嬉しかったこと、おいしい食べ物、お勧めのお店）

■ 児童生徒に関する**日常的情報共有**も重要です。「こんな嬉しいことがあったんです」「○さんのことがちょっと心配なんですよね」と積極的に児童生徒のことを職員室で話題にします。そうすることで、他の教職員からも情報がもらいやすくなります。教室では元気そうに見える子が保健室では辛い話をしたり、部活の様子がいつもと違ったりすることがあります。日常的な情報共有をすることで、多面的な理解や問題の早期発見にもつながります。そして同僚に聴いてもらったり情報共有をしたりしながら**同僚性**を育むことは、教員自身の安心感にもつながります。それが子どもたちへの落ち着いた対応につながります。

■ 全校で月1回、学年で週1回など、何もなくても**定例の情報共有**の時間を作ると、初期の段階で対応がしやすくなり、結果的に早期解決につながり、子どもや教員が楽になりま

す。できる先生たちは**課題予防的教育相談**（「重要資料」3-2）を行っています。

問題が起こった時のつながり （「重要資料」3-2 を必ず確認しましょう）

■ **課題予防的教育相談：課題早期発見対応**

問題の予兆が見られたり、問題のリスクが高かったりなど、気になる児童生徒に対しては、すぐに**校内チーム**で対応します。

> ①担任が生徒指導や教育相談担当等と協力し、**機動的連携型支援チーム**で対応する。
> ②問題により、**生徒指導担当・教育相談担当・学年主任・特別支援教育コーディネーター・養護教諭・スクールカウンセラー（SC）・スクールソーシャルワーカー（SSW）**などの教職員が協働し、**校内連携型支援チーム**として対応する。

チーム支援のプロセス（流れ）
① 児童生徒について気になることがあったら、**遠慮せず、絶対に、すぐに**、相談しやすい先生、学年主任、生徒指導や教育相談担当の先生に相談
② 関係教職員（SC・SSW 含む）で**協議・アセスメント**（情報収集・共通理解・分析）
③ **課題と支援目標の共有**
④ **役割分担と支援計画、実行**（必要に応じ②〜④をくり返す）

> 一人でどうにかしようなど（一人でできるなど）絶対に思ってはいけません

> 支援には多くの目から見た子ども理解が必要

> 必ず検討した記録を残します

■ チーム支援では個人情報を扱います。チーム支援で知り得た情報をチーム外に漏らさないという**チーム内守秘義務**（**集団守秘義務**）が重要です。情報共有の仕方・記録の保持に注意します。児童生徒等の目にふれるところに記録を置きません。基本的に学校外に記録を持ち出しません。**情報漏洩**やそれにつながる行動は大問題になります。

（國廣　淳子・春日　由美）

おさえてほしい「重要資料」
3-1「チームとしての学校の在り方と今後の改善方策について（答申）」文部科学省（2015）
3-2「生徒指導提要（改訂版）」文部科学省（2022）第 1 章 1.3.4、第 3 章

第2節 | 学校外とうまくつながるために

✓ 「学校」＋「家庭」＋「地域」＋「関係機関」で柔軟につながる
✓ 連携後も学校がすべきことは行う

さまざまな連携先 （「重要資料」3-3、4を必ず確認しましょう）

管理職の
リーダーシップによる
マネジメント

ネットワーク型支援チーム
（地域・関係機関との連携・協働）

校内連携型支援チーム
（ミドルリーダーのコーディ
ネーションによる連携・協働）

機動的連携型支援チーム
（担任等と学年・各校務分掌
の最小単位の連携・協働）

図 3-1 チーム支援の形態
（文部科学省（2022）を参考に著者作成）

■ 「チームとしての学校の在り方と今後の改善方策について」（2015）では「**チームとしての学校**」として「学校と、家庭や地域との連携・協働によって、共に子供の成長を支えていく体制を作る」ことが重要とされています。

■ いじめ、不登校、非行、虐待などの場合は、校内の教職員だけでなく、**校外の関係機関との連携**や**校種を越えた連携**による、**困難課題対応的な教育相談**が必要です。校内のみでの対応が困難な場合は、関係機関と連携・協働した**ネットワーク型支援チーム**が構成され、ケース会議を行います。会議では、各機関の専門性を活かし、学習面・心理面・身体面・発達面等、多面的に子ども理解を行います。また各機関の役割分担を行います。

表 3-1 主な連携先（文部科学省（2022）を参考に著者作成）

機関	概要
教育委員会	公立学校の設置管理者
教育センターや教育支援センター	不登校児童生徒の支援等
警察（少年サポートセンターや警察署、スクールサポーター等）	児童生徒の加害被害双方についての連携
児童相談所	虐待、非行、障害等の福祉的支援等
市町村の子どもの福祉の担当課	児童虐待等通告や保護者の育児不安相談、「要保護児童対策地域協議会」の調整等
要保護児童対策地域協議会	福祉的支援が必要な子どもについて、各関係機関で子どもと保護者に関する情報交換や支援内容の協議の場
医療・保健	心身の健康問題・障害等の支援
特別支援学校・療育機関・発達障害者支援センター	発達上の課題での連携
ＮＰＯ法人	地域に根差したさまざまな支援を提供

連携の取り方　（「重要資料」3-4 を確認しましょう）

■ 関係機関との連携・協働は、校長を中心に「組織的な取り組み」でつながります。外部につなぐ時は一人で判断せず、まず**校内で検討**します。もちろん**校長の許可**が必要です。

■ 関係機関とどうやってつながったらよいか、どうやって探せばよいか、迷うかもしれません。以下を参考にしてください。

連携先を知る方法
①スクールカウンセラーや教育相談担当教員、養護教諭に相談しましょう。
②教員研修に関係機関職員等を招くと関係ができ、連携しやすくなります。
③さまざまな研修会に行きましょう。講師の先生の人柄や、各機関でどのようなことがされているかがわかります。

連携の際の注目点
①どの機関とつながると良いか（どのようなことをしているか、評判等）
②その機関にどのような人がいるか（担当者名、性別、タイプ、評判等）
③場所、料金、時間

■ 関係機関との情報共有について、可能なかぎり**本人や保護者の了解**を得てください。なお、校外機関との連携でもチーム内守秘義務（**集団守秘義務**）を互いの機関で徹底します。

■ 校内の専門職や関係機関と連携する際も、丸投げしてはいけません。学校や教員は、自分たちができること・やるべきことを行います。それぞれが自分たちの専門性を活かし、役割分担をし、児童生徒を支えます。

■ 必要に応じて、情報共有だけでなく、**ケース会議**を校内・校外の専門家も交えて行えると完璧です。もちろん、必ず日時、参加者、話し合われたことや方針について記録を残します。

（國廣　淳子・春日　由美）

おさえてほしい「重要資料」
3-3「チームとしての学校の在り方と今後の改善方策について」文部科学省（2015）
3-4「生徒指導提要（改訂版）」文部科学省（2022）第 3 章 3.4、3.7

第3節 チームとしての学校・異校種とうまくつながるために

- ✓ 校長のリーダーシップの下、同僚性を育み、組織として動く
- ✓ 教員も校内専門職も、得意分野を生かし、チームとして動く
- ✓ タテ（保育所・幼稚園や異校種）の情報共有は子どもと教員を守る宝の山

チームとしての学校 （「重要資料」3-5、6を確認しましょう）

■ 「チームとしての学校の在り方と今後の改善方策について」（文部科学省，2015）では、チーム学校とは、「**校長のリーダーシップの下**、カリキュラム、日々の教育活動、学校の資源が一体的にマネジメントされ、**教職員**や学校内の**多様な人材**が、それぞれの**専門性**を生かして能力を発揮し、子供たちに必要な資質・能力を確実に身に付けさせることができる学校」と定義されています。

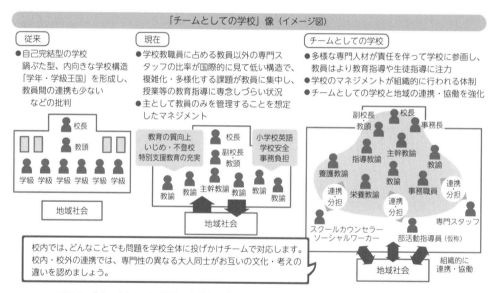

図 3-2 「チームとしての学校の在り方と今後の改善方策について（答申）」（文部科学省，2015）

■ 子どもたちの課題に、より効果的に対応するため、校内連携では心理の専門家の**スクールカウンセラー（SC）**や福祉の専門家の**ソーシャルワーカー（SSW）**を活用します。
■ 校内外の連携では知識や経験、価値観や文化の違う大人同士が、お互いを理解し、考え方や感じ方の違いを認めることが必要です。

大事な情報をしっかり受け取る （「重要資料」3-6 を確認しましょう）

■ 情報共有は子どもと自分を守る宝の山です。小学校入学前の保育所・幼稚園等、前籍校や前年度の学年など、校種や学年を越えて情報共有や連携を行うことで、子どもと教員が楽になります。絶対にやりましょう。

■ 校種間や学年間の連携によるメリット

①以前の校種や学年で「うまくいったこと」「気をつけた方がよいこと」を具体的に教えてもらうことで、今年度ゼロから始めなくて済みます。

②「気をつけるべき点」を事前に教えてもらうことで、余計なトラブルを防ぐことができます。子ども・保護者・教職員の余計なストレスをなくせます。

③不明な点がある時、困ったことが生じた時は遠慮せず、校長の了解を得て、校種間の情報共有や相互の相談を行いましょう。**無駄な**プライドは捨て、他の校種等にも頼りましょう。

■ 校種間連携の活用方法

①**子どもや保護者の同意を得て連携します**（虐待等の場合は除く）。

②**年度が始まる前**や**年度当初**に、担任や学年主任、生徒指導や教育相談担当者等が具体的な情報を受け取り、整理し、共有します。行き違いが生じないよう、文書と口頭で共有することが望ましいです。ただし、情報管理に注意してください。

③「個別の教育支援計画」が作成されている場合などは必ず年度が始まる前か当初に面談し、子どもや保護者の**不安や要望**を直接確認します。また夏季休業中などにも再度会って状況を確認します。それらをもとに、教員間では年度当初を合わせて年度内に数回、文書と口頭で**支援内容の確認**を行います。

④前年度までに問題があった場合や、子どもや保護者の不安が高い可能性がある場合、あるいは年度途中の不調が予想される場合等は、できるだけ年度当初に子どもや保護者と話す機会をもちます。困難が起こってからでなく、**何もない時に**関係を築いておきます。子どもや保護者の考えや不安を聴いたり、「心配なことがあったら遠慮せず言ってください」と伝えたりしましょう。

■ 自分たちの経験を、**次の学校等**へ引き継ぎましょう。次の年の子どもや保護者が楽になり、次の先生たちも楽になります。

（國廣　淳子・春日　由美）

おさえてほしい「重要資料」

3-5「チームとしての学校の在り方と今後の改善方策について」文部科学省（2015）

3-6「生徒指導提要（改訂版）」文部科学省（2022）第 3 章 3.7

Chapter   4

子どもの発達と
大人の関わりの大切さ

 第1節 | 乳幼児期の心理社会的発達と大人の関わり

✓ 0～1歳児は、養育者との情緒的信頼関係をベースに、自分を取り巻く環境を学ぶ
✓ 2～3歳児は、言葉やイメージを用いながら、自己主張や身辺的な自立が進む
✓ 4～5歳児は、自他の違いを認識しながら、目的に沿って行動できる

乳 幼 児 期

■ 表4-1のように、児童福祉法や母子保健法では、**乳児**は「満1歳に満たない者」、**幼児**は「満1歳から、小学校就学の始期に達するまでの者」とされます。発達心理学では、生後1歳半頃までを**乳児期**、1歳半頃から小学校入学前までを**幼児期**として、子どもの発達を考える際の大まかな区切りとしています。

表 4-1　乳幼児期に関する法律上の区分と発達心理学の区分の違い

年齢	児童福祉法の区分	母子保健法の区分	発達心理学の区分	ピアジェによる認知発達段階の区分
（0～1ヵ月）0～1歳	乳児	新生児 乳児	乳児	感覚運動期
1～1歳半 1歳半～6歳	幼児	幼児	幼児	前操作期

0～1歳児（乳児）の育ちと大人の関わり

■ 0～1歳の赤ちゃんは、生活のあらゆる面で大人の適切なケアや配慮が必要です。一方で赤ちゃんは、自分を取り巻く人や物、状況について豊かに学び、そこで学習したことをもとに行動しています。たとえば、はじめは誰が関わっても同じ反応だったのが、しだいに自分のサインに適切に応答してくれる人など、特定の大人のお世話を喜ぶようになります。そして生後6ヵ月を過ぎる頃には、その特定の大人（多くは保護者や保育者など）から離れまいと常に目で追ったり、後を追いかけようとする**愛着行動**が目立ち始めます。また

生後9ヵ月頃には、大人の視線や指差す方を見て、相手と一緒の物（対象）を見る**共同注意**（ジョイント・アテンション）ができるようになります（Tomassello, 1999）。そしてはじめてのどうしたらよいかわからない状況では、養育者の様子や反応を見ながら行動を起こす**社会的参照行動**ができるようになります（Sorce, et al., 1985）。また愛着がある養育者が見守っていれば、安心してまわりの環境を探索します。このように、赤ちゃんはただ待っ

図4-1　共同注視

ているだけの存在ではなく、養育者との情緒的信頼関係をベースに、自分を取り巻く環境に積極的に関わりながらさまざまな能力を発達させていきます。

■ この自分を取り巻く環境（人や物、状況）に直接関わりながら認識していく段階を、ピアジェ（Piaget, J）は**感覚運動期**（表4-1）と呼んでいます。1歳半を過ぎる頃には、目の前に見えていない物事についても、頭のなかで言葉やイメージ（**表象**）を使って考えることができるようになります。また手や指の使い方も発達し、物事や出来事をイメージできるようになることで、これまで周囲の大人に頼っていた身のまわりのさまざまなことを、自分でやりたいという意欲がだんだん出てくるようになります。また、言葉やイメージの発達に伴って、自分自身を認識の対象としてとらえること（**自己認知**）ができるようになります。そして自分についての意識（**自己意識**）が育まれ、自分の名前が呼ばれると自分だと分かって応えたり、おもちゃなどを自分の所有物だと思って主張したりするようになります。0歳から1歳のこの時期は、養育者との情緒的信頼関係をもとに、心理的にも社会的にも急激に発達していく大切な時期と言えます。

2〜3歳児（幼児）の育ちと関わり

■ 2歳以降は、目の前の物事から離れ、言葉やイメージ（**表象**）を用いて理解できるようになり、**前操作期**（表4-1）と呼ばれます。この時期は、自分の感覚や身体運動自体を楽しむ**機能遊び**から、見立て遊び（筒状の積木をコップに見立てるなど）や、実際とは違う動作や人になりきるふり遊び（コップに見立てた積木で、水を飲むふりをするなど）といった**象徴遊び**がみられ始めます。また、歩く、走る、跳ぶなどの基本的な運動機能が発達して、手首を返す動きや指先の細かな動きなど手指を動かすことも上手になり、食事や衣類の脱ぎ着といった生活習慣の技能が発達し、自分でもやりたいという意欲が高まります。そして3歳以降は、生活習慣技能の確立や身辺自立が進み、自分への肯定感や何でもできるという万能感（**幼児楽観性**）に支えられながら活動経験を広げ、さまざまな能力を発達させ、周囲の環境へ適応していきます。

■　また、言葉の急激な獲得とともに、自分の思いや欲求を言葉で相手に伝えることができるようになったり、自分の思いやイメージ通りにしたいという思いが強くなり、**自己主張**や**要求行動**が多くみられるようになります（いわゆる「イヤイヤ期」）。そして、自分自身の言葉やイメージを周囲の大人と共有できたり、共感的に受け止められたりする経験を通して、気持ちを言葉にすることの大切さや、他者に受容されることが嬉しいと思うようになり、人との関わり（コミュニケーション）の心地よさを感じるようになります。幼児期を通して、その後のコミュニケーションの基盤が作られるともいえるかもしれません。

図4-2　協同遊び

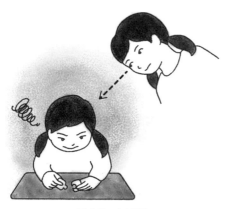

図4-3　メタ認知

■　この時期には、自由遊びの場面に、一人遊びに集中するのではなく、集団で他の子どもと一緒の目的をもって楽しむ**協同遊び**も多くみられるようになります。このような社会的な場面では、集団の目的や他の子どもとの関係から、「ゆずる」「我慢する」など、自分自身の欲求や行動を制御することが求められます。このような場や状況に応じて自分を抑える**自己抑制**は、3歳から6歳にかけてしだいに発揮されるようになります（柏木, 1988）。

4、5、6歳児の育ちと関わり

■　同じ**前操作期**（表4-1）のなかでも4歳前後になると、目の前の物事について言葉やイメージ（表象）に置き換えながら、筋道を立てて考えることができ始めます。この時期の思考は**直観的思考**とも呼ばれます。つまり、知覚的に目立つ（注目しやすい）特徴の影響を強く受けてしまい、物事を分類する時に、「色」と「形」など同時に2つ以上の基準で分類することが難しくなります。また、他者からの視点を、自分からの視点で考えてしまうなど、複数の基準や視点から同時に考えることが難しいこの時期の特徴を、ピアジェは**自己中心性**と呼んでいます。

■　その後、4〜6歳頃には特撮ヒーローも本当は人間だということも分かるなど、ひとつの物事について、基準や視点の違う複数のイメージ（表象）をもつことができるようになります。このように、ひとつの物事に複数のイメージ（表象）をもつことができ、その関係性が分かる能力は**メタ表象能力**と呼ばれ、4歳を過ぎた頃から発揮され始めます

（Perner, 1991）。そして自分自身についても、過去の自分と今の自分をつなげることができるなど、自分の時間的連続性を理解できるようにもなり、「楽しかった昨日の遊びの続きをしたい」と思うようにもなります。他者との関係でも、自分と他の人は違った独自の存在であること、自分と他の人のイメージは同じとは限らないこと、自分や他の人のイメージも現実と違っていることがあることなどが分かるようになります。

■　自分や他者がもっているイメージを正しく推測しながら、その後の行動を予測したり考える枠組みのことを**心の理論**と呼びますが、4〜6歳頃のこの時期には、下の表4-2の**実行機能**のような、目的に沿った行動をやり遂げるための能力のまとまりも発達することで、しだいに自分と他者のイメージを適切に区別して考えられるようになります。この実行機能は集団生活や就学後の学習活動を円滑に進める上でも重要ですが、幼児期にもっとも著しく発達し、その後の児童期（小学生）から青年期にかけて緩やかに発達していきます。このように幼児期には、小学生以降につながる考えや行動の大切な基盤がつくられるとも言えるかもしれません。

表 4-2　実行機能の構成要素

① プランニング	事前に計画を決めておくこと
② ワーキングメモリ	必要な情報を忘れずに覚えておくこと
③ 抑制	他にやりたいことができても注意や気持ちを抑えること
④ シフティング	状況の変化に応じて考えや行動を切り替えること

■　これまで述べた物事を理解する力の発達は、必ずしもその子ども「個人のなかだけで」起こるものだけでなく、誰とどのような関わりや活動を行ったかなど、子どもを取り巻く社会や文化との相互作用が影響するとも考えられています。そして、物事によっても理解しやすさが異なります。たとえば、なぜそうしないといけないかの理由が分かりづらい課題や、自分になじみがなかったり経験したことがない課題は難しいと感じ、具体的でなじみがあったり、目的意識が分かりやすかったりする課題だと取り組みやすくなります。このように、ある状況や文脈ではうまくできなかった課題も、他の状況や文脈ではスムーズにできることがあります。子どものある場面や状況での様子のみで判断せず、取り組む意義や目的意識を分かりやすくするように配慮することも教員には必要です。

（五十嵐　亮）

第2節 | 児童期の心理社会的発達と大人の関わり

✓　1～2年生は、さまざまな基準や視点で考えながら、学習や行動を統制できるようになる
✓　3～4年生は、自分自身の学習の過程や状態についても認識できるようになる
✓　5～6年生は、抽象的なことがらや定まっていないことがらについても思考できるようになる

児童期とは

■　児童福祉法では、**児童**は「満18歳に満たない者」とされますが、学校教育法では、「満6歳に達した日の翌日以後における最初の学年のはじめから、満12歳に達した日の属する学年の終わりまで」の子どもを**学齢児童**と呼びます。発達心理学でも、小学校入学後の満6歳から卒業する満12歳までの時期のことを**児童期**としています（表4-3）。

表4-3　児童期に関する法律上の区分と発達心理学の区分の違い

年齢	児童福祉法の区分	学校教育法の区分	発達心理学の区分	ピアジェによる認知発達段階の区分
6～12歳	児童	学齢児童	児童	具体的操作期
12～15歳		学齢生徒	青年	形式的操作期

小学校低学年児（1～2年生）の育ちと関わり

■　この時期は、実行機能がさらに発達して、自分の行動を統制する力が高まり、学習課題を自分の意思でできるようになります。また、自分が見たり経験したりできる具体的で日常的なことがらを言葉やイメージ（表象）に置き換えながら、論理的に理解できるようになる**具体的操作期**（表4-3）の子どもの割合が多くなります。見かけに左右されることが少なくなり、自分以外の立場から物事を考えることができたり、物事を2つ以上の基準で

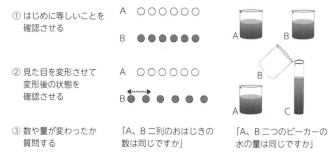

図4-4　ピアジェの保存課題の例（左：数の保存課題、右：液量の保存課題）

論理的に考えることができるようになります。

■ また、図4-4のように、数や量の保存課題に対しても、可逆性（元に戻せば同じであること）や相補性（一方が増えればもう一方は減ること）、同一性（見かけは変わっても、増やされたり減らされたりしていなければ同じであるということ）を認識できるようになります。つまり、「物の数や量といった特性は、見かけ上の形や配列が変わっても変化しない」という**保存概念**を理解できるようになります。また、学級の児童全員を背の高さ順に並べるなど客観的な基準で具体物を順番に並び替える**系列化**（図4-5）や、物事を一定の基準にしたがってカテゴリに分ける**分類**などもできるようになります。児童期以前に日常経験を通して構成された知識は、学習指導要領で定められた内容とは必ずしも一致しないこともありますが（**誤概念**）、具体的操作期には、そのような場合でも自分がもともともっていた知識の構造を学習内容に応じて変えることができるようになっていきます。

A〜Eの5本の線分の並ぶ順番を、
「長さ」という客観的な基準に従って並び替える

図4-5　系列化の例

■ 集団生活では、自分や他者の気持ちや感情を適切に理解して表現することや、他者の気持ちや感情に共感的にふるまえること、他者に向けることが望ましくない感情を適切に対処できるようになることが必要です。具体的操作期は、複数の基準や視点を同時に考慮しながら考えることができるようになるため、自分や他者の感情を言葉で適切に表現したり、感情の強さや質も細かく分けて理解することができるようになります。また、「嬉しいけれど、少し寂しい」といった相反する感情もしだいに認識できるようになります。そして表情などにあらわれている気持ちや感情でも、その人が実際に感じているものと一致しない場合があることも理解できるようになり、他者の気持ちをその人の立場に立って自分のことのように理解・共有する共感性や、物事の良し悪しについて理解・判断する道徳性を身につけていきます。

■ もちろん発達には個人差がありますので、児童期に入ると同時にすべての子どもが具体的操作期に至るわけではありません。教員は一般的な発達を理解した上で、個々の子どもの状態に応じて対応する必要があります。発達的な観点から準備が整っていない学習内容や活動には無理させることなく、できる部分を見つけて積極的に評価すると同時に、子ども自身が学校で過ごしやすさや適応感を感じられるように、学習環境自体を整えることも重要です。

小学校中学年児（3〜4年生）の育ちと関わり

■ 具体的操作期に入りある程度経過したこの時期は、自分では直接経験することができ

ない抽象的で体系的な教科学習が中心となります。この時期は、何を、どの程度まで分かっているのかといった学習内容の理解の程度を確認したり、つまずきや難しさに気づくなど、学習の過程や状態を自分自身で認識することが重要となります（**メタ認知**）。9〜10歳の時に、このメタ認知能力が質的に変化するとされ（藤村, 2008）、学習の見通しを立てたり（**プランニング**）、進捗状況を把握しながら（**モニタリング**）、効果的に学習を進めたりすることができるようになります。同時に、自分の能力への関心や認識が高まり、得意な領域については「自分ならできるはずだ」という前向きな期待（**自己効力感**）がもてるようになります。しかし、他の児童と自分を比較したり、学習がうまくいかずに苦手だと思ったことについては、「どうせできるはずがない」と消極的にもなります。また、幼児期には自分について肯定的な側面ばかり述べていたのが、この時期には肯定的側面と否定的側面の両方を述べたり、否定的側面のみを述べる割合が増えてきます（佐久間ら, 2000）。学習意欲や自尊感情の低下につながらないように、子ども自身のありようについて受容的な態度を積極的に示し、常に多面的な視点からその子自身の好きなことや得意なことを肯定的に評価する姿勢が重要です。

■ 抽象的な思考がしだいにできるようになることで、対人関係、とくに友だち関係の形成でも変化があります。幼児期から小学校低学年までは主に、家が近いことや学級の出席番号や席が近いという物理的な近さや、「なんとなく好きだから」「良い子だから」という自分の気持ちをベースにした心情的な近さが友だち形成の理由になります。それがしだいに相手の内的な側面への共感（性格や趣味、興味が一致しているなど）を中心にしたものに変わっていきます。また、他者の心を理解する際も、相手が考えていること（**一次的信念**）を理解するだけではなく、相手が考えていることについて他の人が考えていること（**二次的信念**）を理解できるようになります（図4-6）。9〜10歳頃には、こうした入れ子状の心情理解が可能になり（Perner & Wimmer, 1985）、自分ではない友だち同士の気持ちを相互に関連づけて考えられるようになります。これらの認知的発達や規範意識の高まりとともに、友だち集団への帰属意識や同調傾向が高くなっていきます。

一次的信念

自分

Aさん

「Aさんは、Xと考えている」こと
（＝自分と同じ／違う）がわかる

二次的信念

自分

Aさん

Bさん

「Aさんは、『BさんはXと考えている』と思っている」ことがわかる

図 4-6　一次的信念と二次的信念の違い

小学校高学年児（5～6年生）の育ちと関わり

■　この時期は、身体的な成熟が進んで思春期に移行することも多く、具体的なことがらだけではなく、記号や法則等の抽象的なことがらも論理的に考えることができる子どもの割合が多くなります（図4-7）。具体的操作期から次の形式的操作期（表4-3）へ移行し始めるこの時期には、事実や経験と矛盾するようなことがら（仮説）についても、前提に沿って論理的に推論して、結論を導き出せるようになります（**仮説演繹的思考**）。その時にはっきりしていないことがらについても論理的に考えることができるようになり、複数の要素から考えられる組み合わせを筋道を立てて考えられるようになります。そして、今現在の自分のありようから離れて将来的にありうることについて、可能性を考えながら見通しや展望をもてるようになります。

■　他者の考えについても根拠をもとに推論できるようになり、他者から見た自分への評価も気になるようになります。直接見聞きしていない他者からの評価について「こうに違いない」と感情的な決めつけをしたり、（たまたま一回のテストで良い成績がとれなかった等の）少しの事実から（「勉強全般が苦手だ」というような）過度な一般化を行ってしまい、それが学習意欲や自尊感情の低下につながることもあります。この時期に他者の視点に立って自分を評価することは自己への否定的感情につながることもあるため、安定的で肯定的な自己意識が育めるように、教員は一貫性のある支持的な態度で関わることが重要となります。

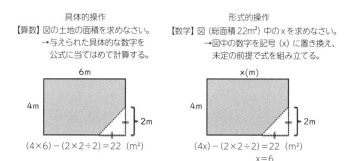

図4-7　具体的操作と形式的操作の違い

（五十嵐　亮）

子どもと先生を幸せにする「おすすめ書籍」

『新・育ちあう乳幼児心理学―保育実践とともに未来へ―』心理科学研究会（2019）有斐閣

『小学生の生活とこころの発達』心理科学研究会（2009）福村出版

『公認心理師スタンダードテキストシリーズ⑫　発達心理学』林創（2017）ミネルヴァ書房

第3節 | 青年期の心理社会的発達と大人の関わり

✓ 青年期は、自我同一性（アイデンティティ）の確立が重要な発達課題
✓ 青年期は、友人など他者との親密な関係が重要
✓ 青年期は、親や教員以外の斜めの関係も大切

青年期の発達課題：自我同一性（アイデンティティ）の確立

■ エリクソンはパーソナリティの心理・社会的発達の漸成理論において、青年期（12 〜 22歳。年齢の幅は研究者によって異なる）の発達課題は、**自我同一性（アイデンティティ）**を確立することと述べています。自我同一性とは、「『自分は何者か』『自分の目指す道は何か』『自分の人生の目的は何か』『自分の存在意義は何か』など、自己を社会のなかに位置づける問いかけに対して、肯定的かつ確信的に回答できること」（宮下，1999）とされています。また、「自分は何者か」という問いには性的アイデンティティ、「自分の目指す道は何か」には職業的アイデンティティの確立が含まれます。

青年期の心理社会的発達と大人の関わり

■ **心理的自立**：ホリングワースは青年（12 〜 20歳）の心理的自立を**心理的離乳**と呼び、青年は家族の監督から離れて、独立した人間となろうとする衝動が現れるとしています。青年に自立心が芽生え、親に依存したい気持ちと干渉を受けるのは嫌だという気持ちとの葛藤が生じます。心理的離乳が成功している例として、志望校を決める過程で、親に相談するけれども、最終的には自分自身が決定するということがあげられます。

■ **青年期の子どもの親**：子どもが中学生・高校生の時期、親は中年期を迎えています。この時期に親は、職業生活において責任が増すなかで、体力の衰えも出てきます。また、この時期は祖父母世代の世話も加わるなど、疲れもたまり心身が不安定になりやすい時期でもあります。そのようななか、子どもは身体の変化や自分づくり、自立に向けて不安定になりやすい時期にあたります。親も子も互いに変化が起こり、共に不安定になる場合があり、親のサポートも教員の大切な役割になります。

■ **親子関係の変化と関わり**：中学生以降、友人が親に代わりうる重要な他者になります。そして、友人との情報交換を活発に始めるため、自分と他者の家族の文化の違いに戸惑うことも出てきます。子どもは、持ち物や言葉づかいなどさまざまな文化を家にもち帰り、それが受け容れられるかを試しますが、親にとっては挑戦や反抗と感じられ、うまく対応できないことが増えます。一方、子どもは友人関係で葛藤を抱えたり、傷ついたりすることも増えてきます。その時に、家が安らぎと癒しのベース基地になり、心のエネルギーを

ためられることが大切です。しかし、子どもが家に安らぎを求めることが親には身勝手に感じられる場合もあります。このように、子どもとのタイミングが合わずに、支援が必要な時に放任したり、任せるべき時に抱え込んだりするなどのズレが生じることも多い時期です。そのため、この時期の子どもとの距離をどうとったらいいかという悩みを親はもちます。親は子どもにどこまで口や手を出していいのか、どこまで見守ってよいのか、任せてよいのか、その加減がわからないということも起こります。

　人との距離について考える際、「ヤマアラシ・ジレンマ」がよく取り上げられます。

> 「寒さのなか、2匹のヤマアラシが暖め合おうと近づく。しかし近づきすぎると互いのトゲが刺さって痛い。かといって離れると寒くなる。2匹は近づいたり離れたりをくり返し、ようやくお互いに傷つかず、寒くもない距離を見つける。」

　親子も、遠慮なく互いの領分に入り込みすぎると、傷ついたり居心地が悪くなったりして関係が悪化します。離れすぎてしまうと疎遠になり関係が保てません。相手と自分のトゲの長さをよく考えて近づきつつ、遠ざかりつつ、時には傷ついたり寂しくなったりしながら、適度な距離感を探っていくということが必要かもしれません。

■ **中学生・高校生の悩みと関わり**：表4-4に「中学生・高校生2万人を対象にした思春期アンケート調査」（永光, 2018）の結果を示します。

表4-4　あなた自身にある悩みはどれですか（複数回答）：ありと答えた生徒のパーセンテージ

中学生の悩み	高校生の悩み
1位：成績（62.0%）	1位：将来の進路（63.7%）
2位：将来の進路（57. 6%）	2位：成績（56.5%）
3位：身体（34.7%）	3位：身体（40.5%）
4位：友だちとの関係（25.8%）	4位：友だちとの関係（21.4%）
5位：異性関係（10.2%）	5位：異性関係（11.3%）

　この結果から、中学生・高校生ともに、成績や進路の悩みは大きいと考えられます。

　成績や進路の悩みは、子どもたちの心身の健康にも直結してくる可能性があります。家族や教員など周囲の大人には、やる気がなく、怠けているように見え、「勉強しなさい！」とつい言いたくなるかもしれませんが、そのように言ってもやる気は出ないでしょう。勉強になかなか取り組めない時には、どのようなことに困っているのかや、やる気が出ない背景を共有することが大切です。進路についても経験のある大人には見通しがありますが、中学生・高校生には未知の課題です。焦らず、選択にあたってのメリット・デメリットを一緒に考えていくことが大切です。

　また、この調査では「異性関係」や「性」に関する相談先は他の悩みと比べて「ネット・掲示板など」の割合が高いことが示されました。インターネットやSNSなどは犯罪

に巻き込まれる可能性もあり、学校で正しい使い方について情報提供をしたり、授業内で利用の仕方について話し合う機会を設けたりすることも必要です。

中学生・高校生の友人関係の特徴

■ 友だちとのつきあい方：図4-8、9は佐藤（2010）による中学生・高校生に対する友人関係に関するアンケートの結果です。女子を見ると、中学生女子は「浅く」が多く、高校生女子は「深く」が多くなっており、女子は中学生から高校生にかけて友人関係が深いものになっていくことが考えられます。一方、男子を見ると、中学生男子では「浅い」つきあいが多いとみてとれますが、高校生男子では友だちづきあいがそれぞれの生徒で多様になるようです。友だちづきあいの広さは男女で少し異なり、発達の方向としては、深く狭いつきあい方へ変化していくといえるでしょう。

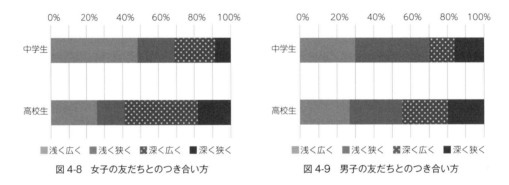

図4-8　女子の友だちとのつき合い方　　　図4-9　男子の友だちとのつき合い方

■ スクールカースト：学級内でグループ間に地位格差がある状態は「スクールカースト」と呼ばれ、学校生活のさまざまな面で影響があることが指摘されています。水野・柳岡（2020）は、「スクールカースト」における所属グループの地位を測定するためにグループ間の地位（「私の『仲良しグループ』は、クラスの中で人気だと思う」「私の『仲良しグループ』は、クラスの中で中心的な存在だと思う」）を尋ねました。そして、中学生・高校生ともにグループ間の地位が高いほど、学校享受感（学校生活の楽しさ：古市・玉木（1994））が高いことが示されました。また、水野・加藤・太田（2017）は、グループの地位が低い児童やグループが学級にない児童であっても、教師が児童に多く関わること（「よく声をかけてくれる」「ふるまいや行動をよくみている」など）によって、いじめ被害の頻度や程度が減少する可能性を述べています。

■ キャラ：友人関係をとらえる観点の一つとして「キャラ（キャラクターの略語）」という概念が注目されています。千島・村上（2015）は「キャラ」を「小集団内での個人に割り振られた役割や、関係依存的な仮の自分らしさ」と定義しています。「キャラ」は、よい意味で働くと友人関係での役割として機能しますが、「キャラ」に縛られてしまうと、自身の他の面が出せなくなるという側面があります。一方で、学校で自分らしくいられなく

ても、今の子どもたちは Twitter や Instagram などのオンラインソーシャルネットワークがあることで、学校外で別の自分を表現できるという点で、救われる可能性があると考えられます。

表4-5　キャラに対する考え方 (千島・村上, 2015)

	カテゴリー	記述例
メリット	コミュニケーションのとりやすさ	接し方がわかりやすいのでつき合いやすい／話題がつくりやすい／笑いのネタになる
	存在感の獲得	役割が決まる／個性があるということだと思う／グループ内でのポジションが安定する
	理解のしやすさ	どんな人か理解しやすい／その人を一言で言い表しやすい／覚えてもらいやすい
デメリット	固定観念の形成	キャラを決めていると固定観念が生まれやすい／そのキャラとしてしかその人を見なくなる
	言動の制限	そのキャラから外れる言動がしにくい／自分自身の幅を広げることへの妥協が生じる
	キャラへのとらわれ	キャラから抜け出せない／自分が望まないキャラを押しつけられる

学校外の斜めの関係

■ 斜めの関係とは一般に、家族ではないけれど親身になってくれる年上の人を意味します。親や教員といった「縦の関係」と違い、同じ目線で適度な距離感をもって話を聞いてくれるため、反抗的になりがちな青年期の子どもでも話しやすいことが考えられます。文部科学省（2009）は「社会全体で子どもを育て守るためには、親でも教師でもない第三者と子どもとの新しい関係＝『ナナメの関係』をつくることが大切である。地域社会と協同し、学校内外で子どもが多くの大人と接する機会を増やすことが重要である」としています。おじやおば、いとこ（従兄・従姉）などの親戚も、斜めの関係の一つです。核家族化が進むなか、子どもが小さい頃からの地域や親族との交流づくりは、子どもが青年期になってからも、子どもの支えになることが考えられます。

(吉岡　和子)

子どもと先生を幸せにする「おすすめ書籍」

『ぼくらの心に灯ともるとき』青木省三（2022）創元社

『君の悩みに答えよう 青年心理学者と考える 10 代・20 代のための生きるヒント』大野久他編（2017）福村出版

『小説・漫画・映画・音楽から学ぶ児童・青年期のこころの理解―精神力動的な視点から―』藤森旭人（2016）ミネルヴァ書房

教育の現場から：過渡期のなかの学校

　近年、さまざまな理由から課題を抱える児童生徒が増え、教育相談の重要性が叫ばれるようになっている。そのようななか、心の専門家であるスクールカウンセラーが各校に配置されるようになり、私たち教職員にとって、身近で心強い存在となっている。私は校長という立場から、教職員に対して常に、「生徒指導と教育相談は車でいう両輪です。このどちらが欠けても学校という車を走らせることはできませんし、これからの時代、両方の視点が必ず必要です」と必ず伝えるようにしている。今後も不登校の児童生徒数や、心にさまざまな悩みを抱えた児童生徒の数は増加の一途を辿ることが考えられる。学校現場にいても、この数年で児童生徒を取り巻く社会情勢や環境は大きく変化し、学校の果たすべき役割や保護者のニーズもさらに大きくなっていることを実感している。このような急激な変化のなか、教育現場では教育相談という一人ひとりを理解し、支援する力がさらに大切になるだろう。私たち教職員や、これからの教育現場を担う人たちは、学校を支える両輪の１つである教育相談の重要性を理解し、ノウハウや手法もしっかり身につけ、研鑽を続けていく必要があると日々感じている。

（山口県立中学校校長　松野下　真）

教育の現場から：４組の母

　「４組の母」。今年度に担任した３年４組の生徒たちから贈られ、大変うれしかった言葉です。教員になってから二十数年、その時々で自分が思い描く「母」の具体像は変わってきましたが、どの子にも学校生活そしてその先の人生を自分らしく過ごしてほしいと願う気持ちは変わりません。

　教育相談でも「母」の顔は大事にしています。その上で、本人の思いをしっかり聞き取りつつ、情報を集めて客観的に状況を把握するようにしています。「このケースの強みと足りないことは何なのか？」「保護者を含む関係者の役割分担は？」「学校でできることは何か？できないことがある場合、どこにつなぐのか？」「どうやってリスクを回避するか？」等を分析していきます。本人の願いを実現するために、本人を含むみんなで計画、実行していくこと、そして何より、人とのつながりを大切にすること、そういったことを心がけています。

　でも所詮は人のやることなので、想定外も想定内。時にそれがおもしろい展開につながったりもするので、あまりカリカリせずに（これが難しい！）「そんなもんだよね～」とゆる～く事態を受け入れ軌道修正しながら、卒業までという期間限定の「母」として、息切れせずに伴走していきたいと思います。

（山口県公立高等学校教諭　岸野　繭子）

教育の現場から：大切なこと「見る」「聴く」「気づく」

　私が子どもと関わる時に大切にしているのは、「見る」「聴く」「気づく」です。「見る」は、表情や行動など、毎日しっかり観察することです。それにより、子どもの小さな心の変化に気づくことができます。「聴く」は、子どもの話にじっくりと耳を傾けることです。寄り添い、子どものペースで話を聴くことで、子どもが自分のことを話してくれるようになります。できるだけ毎日声をかけ、何気ない話をするようにしています。そうすることで、嬉しいことも辛いことも語ってくれるようになり、子どもの思いを知ることができます。「気づく」は、子どもの様子や心の変化に気づくことです。そのためには、日々様子を見て話を聴き、昨日と今日の姿を比べる視点が必要です。大人が見守り働きかけることで、子どもは心を開き、自分を見せてくれるようになり、SOSを見つけたりすることもできます。保護者や先生方と関わる時も同じです。教育現場では、子どもや保護者、先生方と日頃からコミュニケーションをとることが大事です。子どもの思いを分かろうと努め、「見る」「聴く」「気づく」の毎日の積み重ねによって、子どもたちとの関係が少しずつ「かたち」になっていくと思っています。

（山口県公立小学校教諭　小野　陽子）

教育の現場から：チーム学校の要としての教育相談

　私はこれまでさまざまな規模の小学校で担任や専科などを経験し、現在は小学校の特別支援学級担任と生徒指導・教育相談を担当しています。

　私が教育相談で大切にしているのは、「しなやかにつなぐこと」です。不登校などの諸課題や特別支援教育、その他教育に関する課題について、教育者だからこその視点で教職員や児童、そして保護者にアプローチしています。日々、気づきのアンテナを広げ、チームで対応するために、データを示しながら素早く管理職に報告し、よりよい教育活動ができるように心がけています。そしてその時々でスクールカウンセラーなどとも対応策を考え、実践するようにしています。

　そしてこれまでの実際の教育活動をふり返ると、事後対応よりも未然防止に力を入れた方が児童や保護者、教職員のダメージが小さく、早期改善につながることが多いと感じています。

　今後さらに教育相談活動で大切にしたいことは、専門家や関係機関とつながることです。児童の将来にわたって適切な関わりができる専門家のアドバイスを教師の考えと合わせて児童の健やかな成長につなぎたいと思います。チーム学校の要となる教育相談活動を管理職とともに考え、提案していきたいです。

（山口県公立小学校教諭　平野　晶子）

hapter
5

不登校への支援

 第1節 | 不登校の理解

✓ 不登校はどの児童生徒にも起こりうる
✓ 表面的な理解でなく、児童生徒の視点に立ち、背景や心情をとらえる

不登校とは（定義）（「重要資料」5-1 を必ず確認しましょう）

■ 不登校は「何らかの心理的、情緒的、身体的あるいは社会的要因・背景により、登校しない、あるいはしたくともできない状況にあるため年間 30 日以上欠席した者のうち、病気や経済的な理由を除いたもの」と定義されています（文部科学省, 2022a）。また「不登校児童生徒への支援に関する最終報告」（文部科学省, 2016）では、不登校は、「取り巻く環境によっては、どの児童生徒にも起こり得る」「多様な要因・背景により結果として不登校状態になっているということであり、『問題行動』と判断してはいけない」などとされています。

不登校の現状（「重要資料」5-2 を確認しましょう）

■ 文部科学省（2022b）によると、2021 年度時点で不登校児童生徒数は 9 年連続で増加し、約 55% の不登校状態にある児童生徒が 90 日以上欠席していることが報告されています。

図 5-1 不登校児童生徒の割合（100 人あたりの不登校児童生徒数）の推移（文部科学省（2022c）を参考に著者作成）

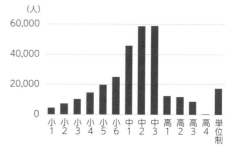

図 5-2 2021 年度学年別不登校児童生徒数（文部科学省（2022c）を参考に著者作成）

■ 図5-2は2021年度の学年別の不登校児童生徒数です。小学校では学年ごとに増加し、小学6年生から中学1年生にかけて急増しています。しかし、中学生になって不登校になっている子が、小学校の時に予兆がみられることも少なくありません。また中学卒業を目前にした中学3年生の数がもっとも多くなっています。

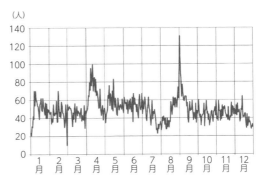

平成27年版自殺対策白書から抜粋（過去約40年間の厚生労働省「人口動態調査」の調査票から内閣府が独自集計）

図5-3　18歳以下の日別自殺者数（文部科学省, 2021）

■ 図5-3は18歳以下の日付ごとの自殺者数です。もっとも自殺者数が多いのは9月1日であり、4月前半も多くなっています。断言することはできませんが、9月1日や4月前半に自殺が多いのは事実であり、新学期に学校に行かない・行けない場合、それは死を選ばないための命を守る選択である場合もあるかもしれません。

不登校の背景 （「重要資料」5-3を確認しましょう）

■ 次ページの図5-4は、学校の報告をもとにした2019年度の不登校児童生徒の主たる要因のグラフです（文部科学省, 2020）。このように、学校や教員は児童生徒の不登校の原因を「無気力・不安」という本人の要因ととらえる場合がもっとも多く、次いで小学校では「親子関係」を、中学生では「いじめ以外の友人関係」を要因ととらえています。一方、図5-5は、2020年12月に実施された小学6年生・中学2年生対象の調査（不登校児童生徒の実態把握に関する調査企画分析会議, 2021）をもとに、筆者が作成したものです。この調査の対象者は前年度不登校状態にあり、学校や教育支援センターに通所実績がある児童生徒で、グラフには10%以上の児童生徒が選択した項目のみ示しました。図5-5のように、不登校のきっかけについて児童生徒本人は、教員や友だちや勉強といった**「学校に関すること」**や、身体の不調や生活リズムの乱れといった**「体に関すること」**ととらえているほか、**「自分でもよくわからない」**ととらえていることがうかがえます。図5-5は回答率が低く、一概には言えませんが、教員がとらえている不登校の要因と、児童生徒の実感に大きくずれがある場合も考えられます。

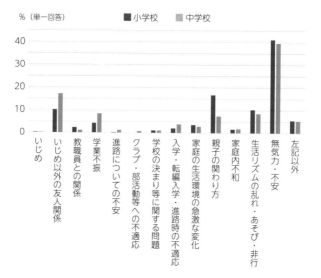

図5-4 2019年度の学校からの報告による不登校児童生徒の要因
（文部科学省（2020）を参考に著者作成）

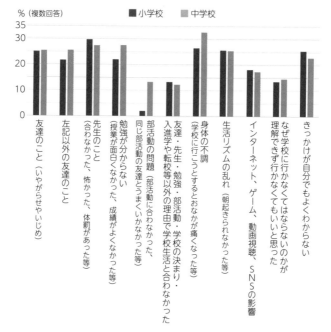

図5-5 2019年度に不登校状態にあった児童生徒が考える最初に行きづらいと感じ始めたきっかけの主なもの
（不登校児童生徒の実態把握に関する調査企画分析会議（2021）を参考に著者作成）
注：小学校または中学校において10%以上であった項目のみ示している。児童生徒の回答率は8.2 〜 11.7%。

不登校状態の児童生徒の気持ち

■ 図5-6は先述の調査で不登校状態にあった児童生徒に、学校を休んでいるあいだの気持ちを尋ねたものです（「重要資料」5-3）。「あてはまる」「少しあてはまる」を合わせると、図のように、教員や保護者以上に、同級生がどう思っているかを不安に思うと考えられます。また、ほっとしたり自由な時間が増えて嬉しいなどの気持ちと、勉強や進路・進学への不安がともに6割～7割でした。周囲の人からは分かりづらいかもしれませんが、不登校状態にある児童生徒は複雑な気持ちを抱えている可能性があります。

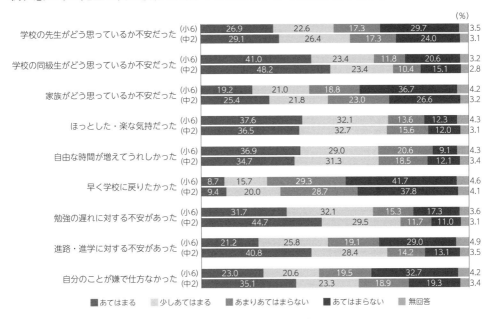

図 5-6　学校を休んでいることの安心・不安や自分がどう思われているかの不安
（小学生 713 人、中学生 1,303 人。　不登校児童生徒の実態把握に関する調査企画分析会議（2021）を参考に著者作成）

（春日　由美）

おさえてほしい「重要資料」

5-1 「不登校児童生徒への支援の在り方について（通知）」文部科学省（2019）

5-2 「児童生徒の問題行動・不登校等生徒指導上の諸課題に関する調査結果について」
　　文部科学省（毎年公表）

5-3 「不登校児童生徒の実態把握に関する調査報告書」
　　不登校児童生徒の実態把握に関する調査企画分析会議（2021）

第2節 ┃ 不登校への対応

> ✓ 不登校児童生徒への支援の最終目標は、「登校」でなく「社会的自立」
> ✓ 周囲の大人たちは不登校児童生徒を追い詰めるのでなく、連携協力して支える
> ✓ 多面的な視野で理解し、チームで支援する

不登校支援の基本的考え （「重要資料」5-4 を必ず確認しましょう）

■ 「不登校児童生徒への支援の在り方について（通知）」（文部科学省, 2019）では、不登校児童生徒への支援について以下のことが示されています。支援の目標は「登校」ではなく「社会的自立」です。

> ① 「学校に登校する」という結果のみを目標とするのではない
> ② 児童生徒が自らの**進路**を**主体的**に捉えて、社会的に自立することを目指す
> ③ 不登校の時期が**休養**や**自分を見つめ直す**等の積極的な意味を持つことがある
> ④ 学業の遅れや進路選択上の不利益や社会的自立へのリスクが存在することに留意

■ 「不登校児童生徒への支援に関する最終報告」（不登校に関する調査研究協力者会議, 2016）では、不登校の要因や背景として、本人・家族・学校の要因が複雑に絡み合っていることや、背後に学校の相対的な位置づけの低下や、学校に対する保護者・児童生徒の意識の変化、社会全体の変化の影響が指摘されています。そして本人に起因する特有の事情により起こるものとしてすべてをとらえるのではなく、「学校・家庭・社会が不登校児童生徒に寄り添い**共感的理解**と**受容**の姿勢をもつことが、児童生徒の**自己肯定感**を高めるためにも重要である。不登校児童生徒にとっても、支援してくれるまわりの大人との**信頼関係**を構築していく過程が社会性や人間性の伸長につながり、結果として、**社会的自立**につながる」とされています。

■ 大場（2016）は不登校の状況について、「例えば、絶対に泳いで渡れると思っていた川を他の子と一斉に渡ろうとして、一人だけ溺れてしまったようなものではないか」とし、「今、目の前で溺れている人がいたら、まず安全な場所に助け上げるでしょう。溺れている最中に『なぜ溺れたのか』『泳ぎ方を練習しなかったから溺れたんだ』と責めたりしてもダメなのと同じです」と述べています。さまざまな要因が絡み合えば、どの児童生徒が不登校になってもおかしくありません。周囲の大人たちは、目の前の不登校の児童生徒を責めるのでなく、役割分担と連携をしながら支える必要があります。

■ 不登校児童生徒に対する**多様な教育機会**の確保も重要です。「重要資料」5-4 では、「不登校児童生徒の一人一人の状況に応じて、**教育支援センター**や**不登校特例校**、フリースクー

ルなどの民間施設、ICTを活用した学習支援など、多様な教育機会を確保する必要があること。また、**夜間中学**において、本人の希望を尊重した上での受入れも可能であること」とされています（「重要資料」5-4）。同通知の「別記1 義務教育段階の不登校児童生徒が学校外の公的機関や民間施設において相談・指導を受けている場合の指導要録上の出欠の取扱いについて」（文部科学省，2019）では、「不登校児童生徒の中には、学校外の施設において相談・指導を受け、社会的な自立に向け懸命の努力を続けている者もおり、（中略）一定の要件を満たす場合に、これらの施設において相談・指導を受けた日数を指導要録上**出席扱い**とすることができる」とされています（「重要資料」5-4）。長期間不登校になることで、教育機会が損なわれ、社会的自立の妨げにならないように、多様な学びや人とのつながりのなかで児童生徒が成長する機会が増えることが期待されます。

■ 「重要資料」5-4 では、効果的支援の充実として、以下の8点をあげています。

表 5-1　不登校児童生徒に対する効果的な支援の充実
（文部科学省（2019）を参考に著者作成。内容は抜粋）

①不登校に対する学校の基本姿勢	校長のリーダーシップ、専門スタッフとの連携協力、組織的な支援体制の整備、各学校で中心的・コーディネーター的役割を果たす教員を明確に位置付けることが必要。
②早期支援の重要性	予兆への対応を含め初期段階から組織的・計画的支援が必要。
③効果的な支援に不可欠なアセスメント	要因や背景を把握するため、担任だけでなくスクールカウンセラーやスクールソーシャルワーカー等によるアセスメント（見立て）が有効。アセスメントにより策定された支援計画を、学校・保護者・関係機関等で共有し組織的・計画的な支援を行うことが重要。
④スクールカウンセラーやスクールソーシャルワーカーとの連携協力	相談支援体制の両輪のスクールカウンセラーとスクールソーシャルワーカーを効果的に活用し、学校全体の教育力向上を図ることが重要。
⑤家庭訪問を通じた児童生徒への積極的支援や家庭への適切な働き掛け	プライバシーに配慮しつつ、定期的に家庭訪問を実施し、児童生徒理解に努める。家庭訪問を行う際は、その意図・目的、方法や成果を検証する。児童生徒の安否が確認できない等の場合は直ちに市町村または児童相談所への通告を行うほか、警察等にも情報提供を行うなど適切な対処が必要。
⑥不登校児童生徒の学習状況の把握と学習の評価の工夫	教育支援センターや民間施設等の学校外の施設において指導を受けている場合、児童生徒が在籍する学校が学習の状況等について把握することは、学習支援や進路指導を行う上で重要等。
⑦不登校の児童生徒の登校に当たっての受入態勢	登校してきた場合、温かい雰囲気で迎え入れられるよう配慮し、保健室・相談室・学校図書館等を活用し、徐々に学校生活への適応を図るような指導上の工夫が重要。
⑧児童生徒の立場に立った柔軟な学級替えや転校等の対応	・いじめが原因の場合等、いじめられている児童生徒の緊急避難としての欠席が弾力的に認められてもよく、そのような場合、学習に支障がないよう配慮が必要。いじめられた児童生徒又はその保護者が希望する場合、柔軟に学級替えや転校の措置を活用。 ・教員による体罰や暴言等、不適切な言動や指導が不登校の原因となっている場合、保護者等の意向を踏まえ、十分な教育的配慮の上で学級替えを柔軟に認めるとともに、転校の相談に応じることが望まれる。 ・保護者等から要望がある場合、補充指導等の実施に関して柔軟に対応。校長の責任で進級卒業留保など適切に対応。欠席日数が長期の不登校児童生徒の進級や卒業に当たり、保護者等の意向を確認。

早期対応の重要性　（「重要資料」5-5、6を必ず確認しましょう）

> ① 「連続3日目」「連続でなくても時々」休んだら、本人・保護者に状況確認
> ② 「他の先生に本人の様子を尋ねる」＝「多面的な理解」＋「チーム支援」へつながる

■ 不登校の対応は、前兆期や初期での**早期対応**がもっとも重要です。表5-2は佐賀県教育委員会（2019）（「重要資料」5-5）を参考に、筆者が加筆したものです。すべての状態が見られるわけではありませんが、本格的に休み始める前から保護者は前兆に気づいていることが少なくありません。早期対応のため、家庭での子どもの様子がいつもと違う時や心配な時は、**遠慮せず、できるだけ早く**学校に伝えてもらうよう、日頃から教育相談だよりや保護者会などで、保護者にお願いしておきます。前兆期に適切に体を休める方法を考えたり、スクールカウンセラーと面談することで、長期欠席を防ぐことができる可能性があります。本格的に休み始めてからでは、長期欠席になる場合も少なくありません。

表 5-2　不登校の児童生徒の前兆期と初期の例
（佐賀県教育委員会（2019）を参考に著者が加筆し作成）

> 前兆期や初期に、本人や保護者と面談して状態を確認し、スクールカウンセラーと対応を検討するのがベストです。

前兆期	朝起きられない。起きても疲れがとれない。朝の支度に時間がかかる。 登校前に腹痛や頭痛等の身体症状を訴え始める。遅刻や欠席が増える。 休み時間一人でいることが多い。保健室利用や体育の見学が増える。 宿題ができない。テストの点数が下がる。忘れ物が多くなる。 帰宅するとぐったりとしてすぐに寝る。 「めんどくさい」「だるい」と頻繁に言う（小学生が体の不調を表現する際に言う場合がある）。 家で座っているより横になっていることが多い（体がきつく座っていられない）。 表情が暗い。ぼんやりしている。イライラしている。
初期	腹痛や頭痛等の身体症状がひどくなり、休み始める。 眠れなくなる。昼夜逆転になる。 感情や行動のコントロールができなくなる。 学校の話題に拒否感を示す。家族と会話しなくなる。

■ **前兆期**に対応します。少しの欠席や表5-2のような変化を気にしてください。本格的に不登校になる前に、月に1、2回のくり返しの遅刻や欠席があったり、保健室によく行ったり、体育を見学しがちになることがあります。決して「このくらい」と思わず、「このくらいの段階」で、本人や保護者に心配していることを伝え、睡眠や体調、家庭での様子、学習状況や友人関係等について、**教えてもらいます**。3日連続で欠席した場合は、その日のうちに電話をして**家庭訪問**すべきです（増田, 2016）。大人でも3日連続仕事を休むと、次に出勤するのはハードルが高くなるでしょう。家庭訪問については山口県教育委員会（2021）（「重要資料」5-6）がたいへん参考になります。

■ 早期から**チーム**で対応することが重要です。気になる児童生徒がいる場合は、他の教

員に「ちょっと心配なんですよね」と言いながら**相談**し、他の教員から見たその子の様子を**教えて**もらい、一人で対応しないようにします。こちらが頼ることで、他の教員も遠慮せず協力できます。また、他の教員にもその子を気にしてもらうことにつながり、児童生徒の変化に気づきやすくなります。

支援の基本：年間の支援体制　（「重要資料」5-5 を確認しましょう）

■　年間を見通した予防的取り組みが効果的です。表5-3 は、「重要資料」5-5 を参考に、筆者が加筆したものです。予防的取り組みは、児童生徒の安心につながります。

表 5-3　年間を見通した早期発見・早期対応（佐賀県教育委員会（2019）を参考に著者作成）

4月	情報収集と分類 ・全児童生徒の前年度までの欠席状況等の収集と分類（とくに不登校経験有無の分類を行う） 学級開きで安心感とつながりづくり ・初めに緊張をほぐし、お互いを理解する活動を行い、不安を減らす（第14章参照）
4〜7月	早期対応・チーム対応 ・早期に関係教員・教育相談担当・スクールカウンセラーと連携 ・本人や保護者に状況を教えてもらう ・学年全体・学校全体での会議を開催し、情報共有と対応を検討し、実行 ・必ず対応や会議の記録を残す
夏季休業中	欠席がちな児童生徒や保護者との面談 ・夏季休業を利用し、本人や保護者の話を普段よりゆっくり聴き、信頼関係を作る 学業不振の子どもへの補習 ・学業不振のために9月以降欠席しないよう、必要に応じて補習を行い学習の不安を減らす
長期休業明け	教育相談週間の活用 ・夏季休業・冬季休業明けは不登校が増える傾向があるため、休み明け1週間に教育相談週間を取り入れるなど、重点的に児童生徒の状況を把握する

■　**定期的会議**が効果的です。何もなくても、月1回の学校全体での気になる児童生徒についての情報交換会（管理職、生徒指導担当、教育相談担当、学年主任、養護教諭、スクールカウンセラー等が参加）や、週1回の学年での気になる児童生徒についての情報交換会は効果的です。担任が一人で抱えないことにつながり、「チームで早期に対応」が頑張らなくても可能になります。

支援の基本：不登校になった際の支援　（「重要資料」5-7 を必ず確認しましょう）

■　まず**アセスメント**を行います。第2章第2節の総合的理解と、複数の教職員による複眼的理解から、児童生徒のアセスメントを行います。また、周囲の大人は、困難な側面やできないところに注目しがちですが、本人の良いところ、頑張っているところ、好きなこと、少しの好転など、**肯定的な側面**にも目を向けるよう意識します。加えて、家族についても、良いところや頑張っているところにも目を向けます。そして本人のみを見るのでなく、家族との関係、友人や教員との関係、連携する他機関との関係など、**周囲との関**

係も含めてアセスメントします。

> **不登校支援の基本**
> ①短期・中期・長期支援を考え、社会的自立を目指す
> ②大切なのは、児童生徒が「元気になる」＋教員と「関係を育む」
> ③本人に寄り添った家庭訪問は役に立つ
> ④教員が働きかけることの意味を考える

■ アセスメントをもとに、短期（１週間〜１ヵ月程度）・中期（数ヵ月〜卒業まで）・長期（その子の一生）について考えます。一生を見据えた支援では、今日明日学校に来るかどうかでなく、将来、その子が自分らしさを大切にしつつ、他者や社会とつながることを意識し、そのために何をすべきかを考えます。大人の「こうあるべき」でなく、本人の視点から考え、必要に応じ、異校種や専門機関等と連携しながら行います。

■ 学校に行くエネルギーがなく不登校になっている場合、心のエネルギーを蓄えることが最優先です。増田（2016）は家庭内では「元気になる」「楽に過ごせる」ことが第一優先と述べています。元気を蓄えるため、休んでいる日は安心して家で過ごすよう、保護者にも理解してもらいます。教員は「もし本当に自分がその子だったらどんな気持ちだろう」とできるだけ想像し、関係を育むためにどう関わるべきかを考えます。

■ 家庭訪問の目的の一つは「**気にかけている**というメッセージを伝える」「**安心させる**」ことです（文部科学省, 2022a。「重要資料」5-7）。家庭訪問のたびに教員が「明日は登校できそうか」と尋ねることがありますが、「登校できそうか」と言われて次の日から登校できるのであれば、不登校になっていません。はじめは**短い時間**から始めます。顔を見て、「会えてよかった、ありがとう」と言って帰るだけで十分です。本人に会えなくても、保護者と会えれば十分です。本人は教員が来たことを分かっています。会えるようになったら雑談や趣味など、少しずつ本人の世界を共有し、**関係を育み**ます。トランプやオセロなど簡単な媒介物を用いて、関係を作ることもあります。

■ 「待つだけではいけない」などと言いますが、細いつながりをもちつつ、本人が「心のエネルギーを蓄えることを待つ」対応を行うこともあります。もちろん待ってはいけないケースもあります。また同じ子でも、状態により対応も変える必要がありますし、ある子に良かった対応も、別の子に良いとは限りません。大切なのは、しっかりアセスメントした上で、今、なぜそのような働きかけをするのかを教員自身が考えることです。その際、他の教員やスクールカウンセラーと**チーム**で考えます。登校させることだけを目的とした働きかけや根拠のないやみくもな働きかけ、教員自身の不安を解消するための働きかけは、児童生徒や保護者を追い詰め、教員への不信感にもつながります。児童生徒の人生の主人公は児童生徒です。本人もさまざまなことを考えています。児童生徒を信じつつ、今、教員ができることを誠実に行います。本人を本当に大切に思う教員の関わりは、児童生徒の自己肯定感につながります。

保護者支援

■ 保護者の苦しさは想像以上です。不登校において、保護者との協力、保護者への支援は必須です。保護者との関わりでも、「もし本当に自分がその保護者だったらどんな気持ちだろう」と**保護者の視点**で考えます。子どもが不登校になると、保護者は現在だけでなく、子どもの一生を考えて、たいへん不安になります。保護者は言わないかもしれませんが、「自分が悪かったのではないか」と思われていることが少なくありません。また祖父母から頻繁に電話がかかり、「甘やかしている」と言われている保護者もいます。近所の人に会うと「最近大丈夫？」などと聞かれるため、近所に買い物に行けなくなっている保護者もいます。毎朝子どもが登校するかしないか迷うなか、登校するのであれば車で送ろうと思い、出勤時間ぎりぎりまで待ち、職場に遅刻の連絡をする保護者もいます。眠れなくなり、病院を受診する保護者もいます。

■ このような状況のなか、学校から「とにかく子どもさんを連れてきてください」と言われたり、毎日欠席の電話連絡をしたりすることは、保護者にとってたいへんな苦痛になります。また、教員から親子関係に問題があるととらえられ、「もっと子どもさんを甘やかしてください」などと言われることもあるようです。子どもが不登校状態にあるというだけでも親の苦しさは相当なものです。表面的な理解で子育ての批判をしたり、子どもへの接し方を変えさせようとしたりすることは、これまでの子育てを否定することになり、さらに保護者を追いつめます。

■ 保護者との関わりでは、まず**保護者の辛さ**に寄り添います。相当な心労をねぎらい、辛さを受け止め、苦しさを共有します。そして保護者の負担をできるだけ取り除くことも重要です。朝の欠席連絡の方法や回数を考えることなども大切です。その上で、保護者とともに「子どものために何が最善なのか」について、子どもを中心に考えます。

（春日　由美）

おさえてほしい「重要資料」

5-4「不登校児童生徒への支援の在り方について（通知）」文部科学省（2019）

5-5「すべての子どもたちに魅力ある学校生活を」佐賀県教育委員会（2019）

5-6「家庭訪問リーフレット　不登校の子どもや保護者のための家庭訪問」山口県教育委員会
　　（2021年11月1日更新）

5-7「生徒指導提要（改訂版）」文部科学省（2022）第10章

子どもと先生を幸せにする「おすすめ書籍」

『不登校の子どもに何が必要か』増田健太郎（編）（2016）慶應義塾大学出版

第3節 不登校の予防と多様な学びの保障

- ✓ 当たり前の学校を目指す
- ✓ 安心できる・誰かとつながっていると感じられる学校を作る
- ✓ 大切な一人の人の人生に関わっていることを忘れない

予防的支援 （「重要資料」5-8、9を必ず確認しましょう）

■ 「不登校児童生徒の支援の在り方について（通知）」（文部科学省，2019）（「重要資料」5-8）では、「不登校を生じないような学校づくり」として、以下の5点が示されています。そのうちとくに①〜③は不登校対策以前の、学校の基本です。

表5-4 不登校が生じないような学校づくり（文部科学省（2019）を参考に著者作成）

①魅力あるよりよい学校づくり	・児童生徒が不登校にならない、**魅力ある学校づくり**を目指すことが重要。
②いじめ、暴力行為等問題行動を許さない学校づくり	・いじめや暴力行為を許さない学校づくり、問題行動へのき然とした対応が大切。 ・教職員による**体罰**や**暴言**等、**不適切な言動**や指導は許されない。 ・教職員の不適切な言動や指導が不登校の原因となっている場合、**懲戒処分**も含めた厳正な対応が必要。
③児童生徒の学習状況等に応じた指導・配慮の実施	・学業の不振は不登校のきっかけの一つ。 ・指導方法や指導体制を工夫改善し、**個に応じた指導**の充実を図る。
④保護者・地域住民等の連携・協働体制の構築	・**学校、家庭及び地域等**との連携・協働体制を構築する。
⑤将来の社会的自立に向けた生活習慣づくり	・将来の**社会的自立**に向け、主体的に生活をコントロールする力を身に付けることができるよう、学校や地域における取組を推進する。

①魅力あるよりよい学校づくり：「不登校児童生徒への支援に関する最終報告」（不登校に関する調査研究協力者会議，2016）では「自分が大切にされているか」「教師や友人との心の結び付きや信頼感の中で共同の活動を通して社会性を身に付けるきずなづくりの場となっているか」などを問い直すことの必要性が指摘されています。魅力ある学校のために何よりも重要なのは、教員が一人ひとりの児童生徒を大切に思うことです。学校の大半の時間である授業がもっとも大切です。授業中、子どもたちの声を大切に聴こうとする教員を子どもたちは信頼し、教室が安心できる場になります。「おすすめ書籍」の石井（2010）を参考にしてください。

②いじめ、暴力行為等問題行動を許さない学校づくり：いじめの対応は第6章でしっかり学んでください。また、体罰や暴言等の背後には、教員の精神的不安定さや自信のなさ、指導力不足があります。まず第2章で教員の自己理解や心理的安定について理解してくださ

い。教員が他の児童生徒を怒鳴る声が怖く、不登校になる子がいます。

③児童生徒の学習状況等に応じた指導・配慮の実施：小学校の授業でのつまずきが、中学校の不登校につながります。分かる授業・知的に楽しい授業は子どもたちを夢中にさせ、学校を楽しくし、登校を促進します。子どもたちの反応も見ずに一方的に授業を進める教員では、子どもたちの理解度を把握するのは難しいでしょう。

さまざまな進路と子どもの幸せのために

■ 図5-7のように、現在中学校からの進学先として、全日制でなく定時制や通信制の高校を選ぶ生徒も増えています。大勢のなかにいることが苦しく、定時制や通信制を選ぶ生徒もいます。また図5-8のように、定時制や通信制高校進学後に、大学や専修学校等に進学することも珍しくありません。その子が安心できる学びやすい進路を保護者にも理解してもらいながら選択します。経済的な事情等も含めて検討する必要がありますが、進路選択において何よりも大切なのは、本人の意思です。その子の人生であり、最終的に選ぶのは本人です。教員の価値観や経験を押しつけないようにします。

定時制　81,935人
2.4%
通信制
197,696人
5.9%
全日制
3,086,434人
91.7%

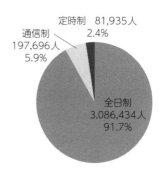

図5-7　2019年5月の高等学校の生徒数
（文部科学省 初等中等教育局参事官（高等学校担当），2020）

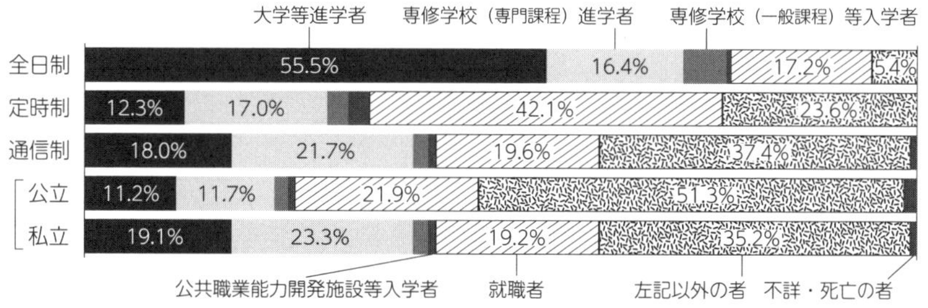

大学等進学者
専修学校（専門課程）進学者
専修学校（一般課程）等入学者
全日制
55.5%
16.4%
17.2%
5.4%
定時制
12.3%
17.0%
42.1%
23.6%
通信制
18.0%
21.7%
19.6%
37.4%
公立
11.2%
11.7%
21.9%
51.3%
私立
19.1%
23.3%
19.2%
35.2%
公共職業能力開発施設等入学者
就職者
左記以外の者
不詳・死亡の者

図5-8　2018年度中の卒業後の状況
（文部科学省 初等中等教育局参事官（高等学校担当），2020）

（春日　由美）

おさえてほしい「重要資料」

5-8「不登校児童生徒の支援の在り方について（通知）」文部科学省（2019）

5-9「義務教育の段階における普通教育に相当する教育の機会の確保等に関する基本指針」文部科学省（2017）

子どもと先生を幸せにする「おすすめ書籍」

『教師の話し方・聴き方』石井順治（2010）ぎょうせい

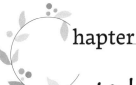

hapter 6

いじめへの対応

 第1節 | いじめのとらえ方

- ✓ いじめの定義：受ける側の苦痛を重視。過去のいじめ定義と異なる
- ✓ いじめの認知件数は上昇傾向（とくに言葉によるいじめ）
- ✓ いじめは誰にでも起こりうる。いじめの四層構造をふまえた理解と対応が必要

いじめの定義 （「重要資料」6-1、2を必ず確認しましょう）

■ 2013年に施行された「いじめ防止対策推進法」（重要資料6-1）では、いじめを、「児童等に対して、当該児童等が在籍する学校に在籍している等当該児童等と一定の人的関係にある他の児童等が行う心理的又は物理的な影響を与える行為（インターネットを通じて行われるものを含む。）であって、当該行為の対象となった児童等が心身の苦痛を感じているもの」と定義しています。

■ 以前の文部科学省の調査では、①自分より弱い者に対して一方的に、②身体的・心理的な攻撃を継続的に加え、③相手が深刻な苦痛を感じているもの、などと定義されていました。しかし現在では、「対等な関係で生じた一時的なものだから、いじめではなく人間関係のトラブルだろう」といった、過去の定義に照らした判断は誤りです。本人が苦痛を否定する場合や、インターネット上の悪口を含めていじめ行為に気づいていない場合も、「いじめの防止等のための基本的な方針」（「重要資料」6-2）は、「加害行為を行った児童生徒に対する指導等については法の趣旨を踏まえた適切な対応が必要」としています。いじめの範囲を狭くとらえないように留意しなければなりません。また、行為を行った側に苦痛を感じさせる意図がなかった場合は"いじめ"という言葉を使わず指導するなど、柔軟な対応も可能です。そしてこのようなケースでも、学校いじめ対策組織へ必ず報告します。

■ 重要資料6-1では重大事態（第28条）として、①いじめにより当該学校に在籍する児童等の生命、心身又は財産に重大な被害が生じた疑いがあると認めるとき、②いじめにより当該学校に在籍する児童等が相当の期間学校を欠席することを余儀なくされている疑いがあると認めるとき、の2つが定められています。いじめの事実が確認できていない、あるいは被害がいじめの結果か不明な場合であっても、疑いが生じた段階で、重大事態として対応する必要があります。児童生徒や保護者から訴えがあった場合も同様です。

いじめの現状および特徴 （「重要資料」6-3 を必ず確認しましょう）

■ 図6-1 は、文部科学省が毎年実施する「児童生徒の問題行動・不登校等生徒指導上の諸課題に関する調査」（「重要資料」6-3）の2021年度分をもとに作成したものです（文部科学省, 2022）。新型コロナウイルスによる全国的休校措置がとられた令和2年度は認知件数・割合とも減少していますが、それ以前は増加傾向にあります。諸課題調査のいじめの態様（種類）の件数では、「冷やかしやからかい、悪口や脅し文句、嫌なことを言われる」という言語的ないじめがもっとも多く、認知件数も大きく増加しています。背景として、こういった行為をいじめと認知する姿勢が広まってきたことなどが考えられます。

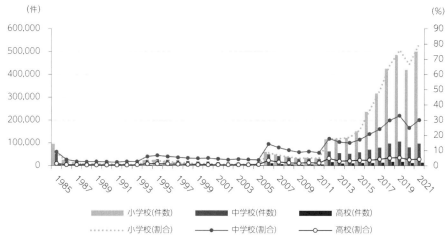

注：諸課題調査のいじめは、平成17年度までは発生件数、平成18年度から認知件数と表記されている。また、対象となる学校種が増えたりいじめの定義に変更が加えられたりしたことから、グラフの一部は連続していない。

図 6-1　いじめの認知（発生）件数および率（1000人当たり）の推移グラフ

■ 国立教育政策研究所（2021）のいじめの追跡調査では小学校後半の3年間と中学校3年間のいじめの経験率が記されています。それによると、暴力を伴わないいじめ（仲間はずれ・無視・陰口）は被害経験が80％と68％、加害経験が69％と64％、暴力を伴ういじめ（ひどくぶつかる・叩く・蹴る）は被害経験が56％と36％、加害経験が36％と25％でした。とくに暴力を伴わないいじめは経験率が高くなっており、特定の子どもではなく**誰もが被害者にも加害者にもなりうる**という認識をもつことが必要です。

■ 現在、SNSなどでのいじめも増えており、重要資料6-3の2021年度版では、「パソコンや携帯電話等で、ひぼう・中傷や嫌なことをされる」の認知件数は、小学校9,454件、中学校9,783件、高校2,454件でした。SNSを含むインターネット上のやりとりは主に文字でなされるため、誤解やすれ違いでのトラブルが生じやすいという特徴があります。さらに、SNSなどのいじめは、匿名性が高く加害者が特定されにくいため加害行為がエス

カレートしやすいこと、現実の力関係に関係なく誰もが被害者／加害者になりやすいこと、現実世界とSNSなどで被害と加害が入れ替わるケースもあること、時間や場所を問わないため被害者の逃げ場がないこと、1回の書き込みでもアクセスのしやすさから拡散しやすいこと、削除された場合も拡散された情報の完全な削除は難しく加害者を含めデジタル・タトゥーの問題が発生しやすいこと、といった現実世界（従来型）のいじめと異なった特徴があります。

いじめの構造

■ いじめでの児童生徒の関係性の構造を理解する視点として、森田・清永（1994）がいじめの四層構造を提唱しています。これは、いじめを**被害者**（一層）と**加害者**（二層）の直接の当事者に加え、直接加担しないが周囲でおもしろがったりはやし立てたりする**観衆**（三層）、見て見ぬふりをする**傍観者**（四層）という、周囲の子どもまで含めてとらえるものです（図6-2）。観衆の存在は加害者の行為をエスカレートさせ、傍観者がいじめを止めずにいることで、加害者は自分たちのいじめが正当化されていると間違って認識する危険性があります。被害者にとっては、観衆や傍観者が多いほど孤立感を深めたり無力感や絶望感を抱いたりしてしまう可能性があります。そのため、加害者にならないための働きかけだけでなく、観衆や傍観者にならないための予防的アプローチや、傍観者から**仲裁者**が出てくるようにする取り組みが求められます。

図6-2　いじめの四層構造
（森田・清永（1994）を参考に著者作成）

■ 「生徒指導提要（改訂版）」（「重要資料」6-4）は、複雑化し対応が難しくなりがちな状況として「①周りから仲が良いとみられるグループ内や閉鎖的な部活動内でのいじめ・被害と加害が錯綜している、②教職員が被害者側にも問題があるとみている、③学級が崩壊状態にある、④いじめが集団化し孤立状況にある（被害者がそう捉えている場合も含む）、⑤学校として特に配慮が必要な児童生徒が関係している、⑥関係する児童生徒の保護者との間に不信感が生まれている」をあげています。いじめの正しい認識をもつこと、サブグループを含む人間関係の把握や子ども・保護者との信頼関係を構築すること、さまざまな課題へチーム学校として対応することが重要です。

いじめの影響　（「重要資料」6-2、4を必ず確認しましょう）

■ 当然ですが、いじめは被害者に長期的な悪影響を与えます。抑うつや不安、孤独感、自尊心の低下や希死念慮などの心理面、身体の不調や不眠といった身体面、他人との関わりを避けたりひきこもったりする行動面など、その影響は多岐にわたります。また、他人

に対して攻撃的になったり、あらたないじめ加害者になったりする場合もあります。第3節でも述べますが、いじめは自殺につながる可能性がある重大な問題です。「いじめから学ぶこともある」と言われることもありますが、いじめから学べるものはいじめ以外からでも学べます。いじめを肯定的にとらえることなく、児童生徒の一生にネガティブな影響を及ぼす可能性があるものとして、適切に対処する必要があります。

■ いじめは被害者だけでなく加害者にもネガティブな影響を及ぼします。たとえば、ストレスが高かったり学校生活への適応感が低かったりすること、他人と適切な関係が築きにくいこと、反社会的な性格傾向が強まること、被害と加害の両方を経験しているとうつ病やパニック症などになる可能性が高まることなども指摘されています。

■ 傍観者としての経験も抑うつの傾向を強めるといった調査結果もありますが、これは被害者への罪悪感や自責の念によるものかもしれません。このようにいじめは直接の当事者にとどまらず、傍観者を含めた広い範囲に悪影響を及ぼします。そのため、四層構造のすべての立場の児童生徒に対する取り組みが求められます。

（下田　芳幸）

おさえてほしい「重要資料」

6-1「いじめ防止対策推進法」（2013 年施行）

6-2「いじめの防止等のための基本的な方針（改訂版）」文部科学省（2017）

6-3「児童生徒の問題行動・不登校等生徒指導上の諸課題に関する調査結果について」文部科学省（毎年実施）

6-4「生徒指導提要（改訂版）」文部科学省（2022）

子どもと先生を幸せにする「おすすめ書籍」

『新訂版　いじめ―教室の病い―』森田洋司・清永賢二（1994）金子書房

第2節 いじめの予防と対応

- ✓ 学校いじめ防止基本方針をふまえ、学校いじめ対策組織中心に予防・対応を行う
- ✓ 保護者や地域を含めた未然防止・早期発見・早期対応の取り組みが必要
- ✓ 被害者の保護と加害者の成長支援の視点から、解消と再発防止を目指す

いじめに対する基本姿勢 (「重要資料」6-5、6を必ず確認しましょう)

■ いじめ防止対策推進法 (「重要資料」6-5) には、児童生徒、学校や学校の教職員、保護者に求めることが以下のように明記されています。したがって、学校と家庭での取り組みの共有やPTAからの情報発信が重要となります。

> 児童生徒：「いじめを行ってはならない」(第4条)
> 学校と学校の教職員の責務：学校全体でいじめの防止や早期発見に取り組む、子どもがいじめを受けていると思われるときは適切かつ迅速に対処する等 (第8条)
> 保護者の責務：自分の子どもがいじめを行わないよう規範意識を養うなどの指導を行うよう努める、被害を受けたときにはいじめから保護する、学校等のいじめ対策に協力するよう努める (第9条)

■ 第1節のように、いじめは被害・加害とも高い割合で経験するため、すべての教職員が、いじめはどの子どもにも起こりうるという意識をもつことが必要です。なお、いじめへの取り組みに際して"いじめゼロ"といったスローガンが掲げられることがあります。子どもがいじめをしてはならないことは当然ですが、一方で、成長過程の途中にある子どもたちが他の子にまったく苦痛を与えず関わるという想定も、現実的とはいえません。そのため"いじめゼロ"とは、いじめ発生ゼロではなく、未発見ゼロ・未対応ゼロ・再発ゼロという、**大人側の取り組み**に関わるものとしてとらえることが必要です。

■ 「いじめの防止等のための基本的な方針」(「重要資料」6-6) は学校に対し、**学校いじめ防止基本方針**の策定と定期的な見直し、**学校いじめ対策組織**の設置、この組織を中心とした未然防止・早期発見・事案対処などを求めています。学校いじめ防止基本方針とは、学校が行ういじめ防止・早期発見・対応等の基本的な方向性や内容を定めるものです。学校いじめ防止基本方針では、教育相談や生徒指導体制、校内研修などを定めることが想定され、さまざまな取り組みに関する年間計画や達成目標が設定されます。学校いじめ対策組織は、学校におけるいじめ対策の取り組みの中心組織です。複数の教職員、心理や福祉の専門家（スクールカウンセラーやスクールソーシャルワーカー）などから構成されます。

● いじめの未然防止　（「重要資料」6-7 を必ず確認しましょう）

■ いじめの未然防止として生徒指導提要（改訂版）（「重要資料」6-7）は、発達支持的生徒指導（人権感覚を身に付け市民性を育む教育）の重要性や、多様性に配慮した学校づくり、固定化されず対等で自由な人間関係の構築、自己信頼感の育成、適切な援助希求の促しなどをあげています。これらを育むため、道徳の授業や特別活動の時間などを活用し、以下のような取り組みを行うことが重要です。本書第 14 章も参照してください。また専門的知識が必要な場合もあり、スクールカウンセラーやスクールソーシャルワーカー、弁護士会やICT の専門家などと連携することも重要です。

表 6-1　未然防止教育の方法や内容

ソーシャルスキル教育（適切な対人関係の構築・維持）
ピアサポート活動（子ども同士の支え合い）
アサーショントレーニング（自分も他者も大切にするさわやかな自己主張）
グループエンカウンター（自己理解・他者理解を深める）
ストレスマネジメント教育（自分のストレスへの気づきと適切な対処）
アンガーマネジメント（自分の怒りのコントロール）
SOS の出し方に関する教育（援助希求能力）
実際の事例や動画といったリアルな教材やいじめ場面のロールプレイ（いじめる心理やいじめの構造および法律的な視点からの理解）
人権意識や多様性の理解および共感性を育む取り組み
いじめとストレスやフラストレーションとの関係の理解
いじめる行為によって何が得られ、それをいじめ以外の方法で得る方法の理解
いじめの四層構造やスクールカーストなど集団力学といじめとの関連性についての理解
犯罪に該当するいじめ行為の理解
SNS（インターネット上）のいじめに関して ICT 教育と関連づけた教育

■ 重要資料 6-7 は、「社会総がかりでいじめ防止に取り組むこと」に言及し、国の方針でも地域や関係機関との連携について書かれています。地域学校協働活動や**コミュニティ・スクール（学校運営協議会）**の活用、教育支援センター、児童相談所や福祉事務所、警察や医療機関などとの連携が重要です。連携については第 3 章を参照してください。

■ 重要資料 6-7 には早期発見のため、日々の健康観察・アンケート調査・面談週間の実施があげられています。その際、児童生徒理解として「心理面のみならず、学習面、社会面、健康面、進路面、家庭面から**総合的に理解**していくことが重要」と書かれています。教員一人ひとりがこれらについてきめ細かく観察するとともに、他の教員との情報共有を含む複眼的な広い視野と、養護教諭やスクールカウンセラー、スクールソーシャルワーカーなど専門的立場からの情報をもとに、チームとして立体的な深い視野を統合させて、的確に子どもを理解していくことが必要です。

いじめの対応の基本　（「重要資料」6-5、6、7、8を必ず確認しましょう）

■　重要資料6-5は、いじめに対する措置を定めています（第23条）。その第1項では、教職員・子どもの相談に応じる人・保護者などでいじめの情報を得た人が**学校へ通報**することが定められています。第2項以降は学校の**速やかな事実確認**と教育委員会等の学校設置者への報告、スクールカウンセラーやスクールソーシャルワーカーと連携した被害者やその保護者への支援と加害者への指導やその保護者への助言を継続的に行うこと、被害者などが安心して教育を受けられるための措置、保護者間の争いが起こらないようにするための措置、犯罪に該当する行為は**警察と連携**し、重大な被害のおそれがある場合には通報すること、などを定めています。

■　いじめの発見のきっかけでもっとも多いのは、**アンケート調査**です（文部科学省, 2022）。アンケートを有効活用するため、具体的な行為やいじめ以外のこともたずねるなど工夫したり、記名式と無記名式など異なる方法で実施したりします。また、アンケート結果はすぐ確認し、気になる回答は学校いじめ対策組織に報告し迅速に対処します。定期的な**教育相談週間の面談**は、子どもと個別に話ができる貴重な機会です。カウンセリングマインドを活かした姿勢で話を聴くなど（第2章や第13章を参照）、話しやすい雰囲気のなかで丁寧に話を聴くことが重要です。普段の児童生徒との何気ない雑談が相談に発展したり、思わぬ情報が得られたりすることもあります。普段から児童生徒との関係構築を心がけ、**雑談を雑にしない**姿勢で接することが重要です。また、**本人や保護者**からの訴えには、学校が把握していないこともあります。訴えがあった場合は絶対に安易に否定したり軽く流したりせず、訴えをしっかり受け止め、事実確認を行うことや定期的に報告することなど、当面の方向性をしっかり伝えます。

■　いじめが発見されたら、**学校いじめ対策組織**を中心に組織的に対応します。重要資料6-7では、対応の第一歩として被害者保護と心のケア、第二歩として被害者ニーズの確認、第三歩として加害者と被害者の関係修復、第四歩としていじめの解消を目指すこと、とされています。加害者と被害者の関係修復について重要資料6-6では、「単に謝罪をもって安易に解消とすることはできない」と明記されています。状況を適切に確認せずあるいは被害者の願いをふまえずに安易な謝罪を行わないよう十分注意しながら関係修復を図ります。「おすすめ書籍」（山本・大谷・小関, 2018）を参考にしてください。**いじめ解消の要件**として重要資料6-6は、いじめに係る行為が止んでいること（目安として少なくとも3ヵ月）、被害者が心身の苦痛を感じていないこと、の2つをあげ、被害者や保護者に面談などを通して継続的に確認する必要があるとしています。安易に「3ヵ月たったから大丈夫」と思わず、しっかりと被害者の心情に寄り添うことが、いじめ解消の判断においても重要です。また加害側の児童生徒とも定期的に面談し、いじめ行為が止んでいれば、そのことを肯定的に伝えます。面談すること自体が見守りのメッセージとして機能し、かつ、いじめ以外

の行為で自分の思いを表現できるという再発防止や加害児童生徒の成長支援につながることが期待できます。

被害者や保護者を、面談などを通して継続的に支える。

| 第一歩
被害者保護と
こころのケア | 第二歩
被害者の
ニーズの確認 | 第三歩
加害者と被害者
の関係修復 | 第四歩
いじめの解消 |

加害側の児童生徒に、定期的面談でいじめ行為がやんでいるかの確認。
面談自体が再発防止や加害児童生徒の成長支援につながる。

図6-3　いじめの対応

■　重要資料6-7は、複雑化し対応が難しくなりがちな状況（第1節参照）への対応として、スクールカウンセラーやスクールソーシャルワーカーを交えたケース会議等で、アセスメントを行いそれに基づいた当事者や周囲の子どもへの働きかけの方針についてのプランニングを行うこと、確認された事実や方針等を被害者やその保護者へ説明し同意を得ること、指導・援助プランを実施し、モニタリング（見守り・被害者側への経過報告と心理状態の把握等）を丁寧に行うこと、をあげています。

■　いじめの**重大事態**が発生した場合、学校や教育委員会など学校の設置者が設置した第三者委員会が、いじめ事実の全容解明・事案への対応・再発防止策の提言を目的とした調査を行います。調査結果は、公立学校の場合は学校の設置者を通じて自治体の長に報告されます（重要資料6-8）。

被害者への対応　（「重要資料」6-7を必ず確認しましょう）

■　いじめの対応では、「被害児童生徒を徹底的に守り通し、その安全・安心を確保する」（重要資料6-6）、「被害者保護を最優先」（重要資料6-7）とされており、**何よりもまず被害者**に寄り添います。重要資料6-7では、①誰も助けてくれないといった無力感を取り払うこと、②必ず守るという決意を伝えること、③大人の勝手な思い込みで心情を受け止めないこと、④辛さや願いを語りやすい安心感のある関係をつくること、とされています。被害者は周囲へ心配をかけたくなかったりいじめられていることを恥ずかしいと感じたりして、いじめを否定したり隠したりすることがあります。こういった心情に配慮した、細やかな対応が必要です。

■　被害者がいじめについて少しでも語ってくれたら、ねぎらい、「話してくれてありがとう」としっかり伝えます。話すことへの安心感や話しやすいペースづくりを意識し、受容的・共感的に話を聴きます。その際、絶対に被害者の言動に原因があるような対応や指導をしてはいけません。教員は味方であり本人を守ることを明確に伝え、本人のニーズを確認します。なお、いじめによると思われる心身の反応がみられる場合はスクールカウンセ

ラーと連携し、必要に応じて医療機関につなげます。なお、重要資料6-7では、「教職員自身が『いじめに耐えることも必要』、『いじめられる側にも原因がある』などと、いじめを容認する認識に陥っていないか常に自己点検することが重要」と記されています。このような誤った認識は、被害者を二次的に傷つけ追い込む危険性があります。十分に注意し、自分の認識や姿勢をふり返ることが必要です。

■ 対応は被害者のニーズを確認して行います。どうなってほしいか・どうしてほしいかなど本人の願いをふまえ、安全な居場所の確保、加害者や学級全体への指導などを具体的に提案します。いじめの悪化をおそれ願いを語らなかったり、指導に拒否的になったりすることも珍しくありません。被害者の思いを受け止めながら、当面の過ごし方や中長期的な対応、誰にどういった指導をいつどのように行うかなど具体的な選択肢を提案し、本人が安心して今後の対応を考えられるようにします。

加害者（観衆）への対応 （「重要資料」6-6、7を必ず確認しましょう）

■ 加害者（観衆を含む）への対応として重要資料6-6には、「加害児童生徒に対しては、当該児童生徒の人格の成長を旨として、教育的配慮の下、毅然とした態度で指導する」とあります。つまり表面的指導でなく、児童生徒の**成長支援**につなげることが**重要**です。表面的でなく実態に即した指導のため、まずいじめを行った**経緯や背景**を丁寧に把握します。重要資料6-7はいじめの衝動を発生させる原因として、心理的ストレス・集団内の異質な存在への嫌悪感情・ねたみや嫉妬感情・遊び感覚やふざけ意識・金銭などを得たいという意識・被害者となることへの回避感情をあげ、心の深層に不安や葛藤・劣等感・欲求不満などが潜む可能性を指摘しています。これらが複雑に絡み合う場合もありますが、それぞれに即した指導を行わなければ、功を奏さないばかりか、いじめの深刻化や隠蔽化のおそれがあります。あるいは表面的または納得できない指導への反発が、他の暴力行為や学級崩壊という別の課題を誘発する危険性もあります。

■ そのため、事実確認（聴き取りなど）と加害行為の指導は、分けることが必要です。事実確認は学校いじめ対策組織を中心に、原則として複数で行います。指導に際しては、カウンセリングマインドを活かして対応します。たとえば相手が自分より優れていると思っていじめを行った場合、まず、ねたみや嫉妬感情が出てくることは自然なことだ、のように、思いの部分は否定せず受け止めます。その上で、そういった感情の表現や発散方法としていじめという行為しかなかったのかを考えさせる、といった手順で対応します。このようにいじめ行為とその背景にある思い（感情や思考など）を区別し、背景にある思いを受け止めつつも、いじめ行為は毅然と指導することで、気持ちがクールダウンし、加害児童生徒の心がほぐれて余裕が生まれ、自分の行為をふり返り被害者の立場に立って考えられるようになります。相手の立場に立って考えられるようになるためには、自分の立場に立ってもらう経験の蓄積が重要です。このように、いじめ行為へは毅然と対応しつつも、

その背景にある思いに耳を傾けることが重要です（子ども理解やカウンセリングマインドは第2章や第13章も参照）。なお加害者のなかには、過去にいじめの被害や虐待の経験があることがあります。この場合、現在のいじめ指導とともに、過去の心の傷つきへのサポートも必要となります。とくに虐待については、児童福祉の観点からも適切な対応が求められます（第9章参照）。

■ なお加害者対応について重要資料6-7には、「加害者の保護者にも協力を要請し」とあります。子どもが加害を行ったショックなどにより、加害行為を過小評価したり、被害者に非があるかのような発言をしたりする保護者も珍しくありません。この場合、ショックや傷つきといった思いを受け止めつつ、加害者の成長支援という視点を含めて丁寧に説明するなどして、協力を求めていきます。

傍観者への対応

■ 傍観者は見て見ぬふりをしている子どもと定義されますが、自分が当事者でないいじめに無関心で距離をとっている場合もあれば、止めたいものの自分が次のターゲットになることをおそれて一歩を踏み出せずにいるなど、その背景にはいろいろなものが想定されます。傍観者に対しても表面的な指導にならないよう、それぞれの心情をふまえた対応が必要です。また、傍観的態度は大人への信頼感や学校への適応感と関連するため、児童生徒との普段からの信頼関係の構築や、学校生活を楽しいと感じられるような取り組みが求められます。さらに、他人への共感性や暴力を許容しない態度があると傍観者でなく仲裁者となりやすいため、日常的に共感性を高める授業や暴力について考えさせる教育実践を続けていくことも重要です。

（下田　芳幸）

• - • - • - • - • - • - • - • - • - • - • - • - • - • - • - • - • - • - • -

おさえてほしい「重要資料」

6-5「いじめ防止対策推進法」（2013年施行）

6-6「いじめの防止等のための基本的な方針（改訂版）」文部科学省（2017）

6-7「生徒指導提要（改訂版）」文部科学省（2022）

6-8「いじめの重大事態の調査に関するガイドライン」文部科学省（2017）

子どもと先生を幸せにする「おすすめ書籍」

『いじめ問題解決ハンドブック』山本獎・大谷哲弘・小関俊祐（2018）金子書房

• - • - • - • - • - • - • - • - • - • - • - • - • - • - • - • - • - • - • -

第3節 ｜ いじめによる自殺を防ぐために

> ✓ 自殺を考えたり実行に移したりする児童生徒は少なくない
> ✓ いじめ予防と自殺予防の体系的な実施が重要
> ✓ 対人関係理論からの自殺予防の取り組み

児童生徒の自殺といじめ （「重要資料」6-9 を必ず確認しましょう）

■ 「児童生徒の問題行動・不登校等生徒指導上の諸課題に関する調査」（「重要資料」6-9）の学校から報告のあった自殺の件数のうち、「いじめの問題」の 2017 ～ 2021 年度の人数は、小学生 0 ～ 2 人、中学生 3 ～ 7 人、高校生 1 ～ 6 人となっています。学校からの報告という性質上、実際より数が少ない可能性がありますが、毎年いじめにより命を絶つ児童生徒が一定数存在すると言えます。

■ 重要資料 6-9 では、重大事態の発生件数も報告されています。そのなかの「生命」（自殺企図など）の 2017 ～ 2021 年度の件数を図 6-4 に示します。いじめにより自殺を考え行動に移そうとする子どもの数は決して少なくないことがわかります。

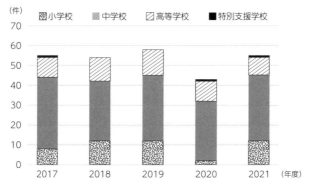

図 6-4　重大事態における被害が「生命」であった件数

いじめ自殺の予防 （「重要資料」6-10、11 を必ず確認しましょう）

■ いじめ自殺の予防においては、いじめに対する取り組み（本章第 2 節を参照）と自殺予防に対する取り組み（第 11 章第 2 節・第 3 節、第 14 章第 1 節を参照）のそれぞれを充実させるだけでなく、両者を相互に関連づけて体系的に実施することが重要です。

■ いじめ自殺の第三者委員会報告書には、学校の課題として、**いじめの発見や対応の課題**（例：取り組みの形骸化・教師のいじめ認識の不十分さ・アンケート結果への未対応）、**学校組織の課題**（例：学校いじめ防止基本方針の具体性のなさ・校内連携の不十分さ）、**学校の日常的な課題**（例：学力

向上に偏った指導・児童生徒理解の不十分さ・生徒や保護者との信頼関係不足)、**いじめ以外の指導上の課題**（例：問題行動の指導に偏った児童生徒との関わり・事実確認が不十分ななかで連帯責任を負わせる指導）などがあがっています。いじめ自殺の予防には、いじめにとどまらず教育実践のすべてにおいて、常に点検し必要に応じて改善する姿勢が求められます。

■ いじめ自殺を予防する観点の一つとして、自殺行動の予測に関する対人関係理論（Joiner, et al., 2009）を紹介します。この理論では、自殺を計画する要因として、①自殺の潜在能力が高まること（身体の痛みに慣れたり抵抗感が下がったりすること）、②自分の居場所がないと感じるといった所属感の低下、③自分がいない方がまわりは幸せだといった周囲への負担感を抱くこと、の３つの要因が想定されています。この理論をいじめ自殺に適用した松本（2016）によると、身体的ないじめは①の自殺の潜在能力に直接影響します。また、いじめ被害者はリストカットなどの自傷行為をしてしまうことがあり、このことが間接的に自殺企図を高める場合もあります。②の所属感の低下については、暴言や無視、仲間外れなどのいじめ行為によって直接影響を受けたり、傍観者の多さによって強まったりします。③の負担感は、自分がいるとまわりに迷惑をかける、あるいはいじめられる自分に問題がある、といった思考パターンにとらわれることで強まる危険性があります。

　この理論からいじめ自殺の予防を考えた場合、①の自殺の潜在能力に対しては、当然ですが、まずいじめ行為を止めさせること、被害者の自傷行為には叱責や説教などをせず適切に対応すること（第12章第２節参照）、子どもが暴力を否定できる学級風土を日常的に育成することなどが考えられます。②の所属感が弱まらないようにするためには、教員が被害者に対し味方であることを伝えて絶対に守ること、周囲にもその姿勢を示すことが重要です。また普段から、子どもが活躍できる場を設定したり係活動を充実させたりすることも有用でしょう。③の負担感へのアプローチとしては、いじめの被害者に非はないことを伝えること、自分の考え方のくせやパターンに気づく心理教育を日頃から取り入れていくことなどが考えられます。

（下田　芳幸）

- -

　おさえてほしい「重要資料」

6-9「児童生徒の問題行動・不登校等生徒指導上の諸課題に関する調査結果について」文部科学省（毎年実施）

6-10「いじめの防止等のための基本的な方針（改訂版）」文部科学省（2017）

6-11「生徒指導提要（改訂版）」文部科学省（2022）第８章

　子どもと先生を幸せにする「おすすめ書籍」

『いじめ予防スキルアップガイド』飯田順子・杉本希映・青山郁子・遠藤寛子（編）（2021）金子書房

- -

hapter

7

問題行動や非行への対応

 第1節 | 問題行動と非行

- ✓ 非行少年は少年法で、①犯罪少年、②触法少年、③ぐ犯少年の3つ
- ✓ 非行少年と不良行為少年は異なる。非行少年は減少傾向だが、薬物非行は増加
- ✓ インターネット・性に関連する問題は、予防教育が重要

少年法における非行　（「重要資料」7-1 を必ず読みましょう）

■ **少年法**は、**20 歳未満で非行を行った少年への処分やその手続きなどについて定めた法律**で、**非行少年**は以下の3つです。2022 年4月1日に民法が一部改正され、成年年齢が20 歳から 18 歳に引き下げられました。これに伴い少年法も一部改正され、18 歳と 19 歳は「特定少年」として、引き続き少年法の適用がなされますが、ぐ犯少年の対象として除外するほか、成人の事件と近い対応をするような特例が設けられています。

①犯罪少年：14 歳以上で罪を犯した少年
②触法少年：14 歳に満たないで刑罰法令に触れる行為をした少年
③虞犯少年：保護者の監督に応じない、家に寄りつかない、犯罪性のある人や場所と関わる、自他に対して不適切な行為を繰り返す、といった刑罰法令には触れない事由があり、将来、犯罪少年や触法少年になる虞がある少年

問 題 行 動　（「重要資料」7-2、3 を必ず読みましょう）

■ 飲酒、喫煙、深夜徘徊、校内での暴力行為などの行為をしている少年は、非行少年と区別され、**不良行為少年**とされます。非行少年は検挙、補導の対象となりますが、不良行為少年は、補導のみです。ただし、学校内でのいじめや暴力が犯罪行為や刑罰法令に触れる行為であることもあるため、これについて正しい知識をもちましょう。さらに飲酒や喫煙は、より副作用や依存性の高い違法薬物の使用につながる可能性があるため**ゲートウェイ・ドラッグ**と呼ばれています。ノンアルコール飲料や電子タバコの使用にも注意が必要です。

非行の現状 （「重要資料」7-1、4 を必ず読みましょう）

■ 図 7-1 は少年による刑法犯の検挙人員および人口比の推移を 20 歳以上の者と比較した
ものです（法務省，2023）。また、図 7-2 は、1989 年以降の犯罪少年、触法少年、ぐ犯少年、
不良行為少年の検挙もしくは補導された人数の推移を示したものです。このように、全体
として非行少年の割合は 2010 年代以降、減少しています。一方で、非行が発生するピー
クの年齢は 16 歳から 14 歳へと徐々に若年化しています（『犯罪白書』法務省法務総合研究所
（編），2022）。

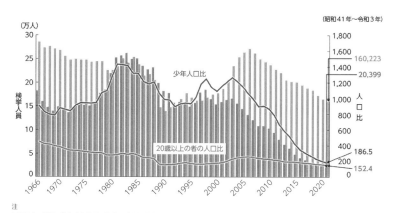

注
1 警察庁の統計、警察庁交通局の資料及び総務省統計局の人口資料による。
2 犯行時の年齢による。ただし、検挙時に 20 歳以上であった者は、20 歳以上の者として計上している。
3 触法少年の補導人員を含む。
4 「少年人口比」は、10 歳以上の少年 10 万人当たりの、「20 歳以上の者の人口比」は、20 歳以上の者 10 万人当たりの、それぞれ
の検挙人員である。

図 7-1　少年による刑法犯の検挙人員および人口比の推移（厚生労働省，2023）

犯罪少年のうち、主に刑法に違反
した刑法犯は減少していますが、
刑法犯以外の犯罪少年である特別
法犯は 2019 年以降、若干の増加
をみせています。これは図 7-3 の
ように、とくに大麻および麻薬に
関わる非行が増加していることが
背景にあります。これについて
は、それを助長させる要因（たと
えば、好奇心やストレスなどの心理状
態、断りにくい人間関係、集中力が高
まる・痩せる等の誘い文句、入手しや

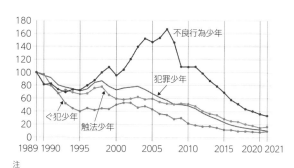

注
1 「令和 4 年版犯罪白書」のデータを参考に作成した。
2 犯罪少年には、刑法犯少年と特別法犯少年を含む。また、交通法令違反は除くが、
　2002 年から 2014 年では、危険運転致死傷を含む。
3 ぐ犯少年の総数は、家庭裁判所終局処理人員の数である。
4 1989 年を 100 とした指数。

図 7-2　非行少年および不良行為少年の検挙・補導人員の推移

すい社会環境など）が考えられます。また、図 7-4 のように、若者の市販薬の乱用・依存も問

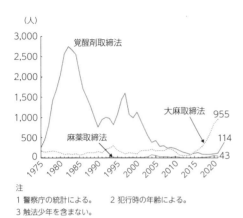

（人）

注
1 警察庁の統計による。　　　2 犯行時の年齢による。
3 触法少年を含まない。

図 7-3　少年による覚醒剤取締法違反等 検挙人員の
推移（厚生労働省，2023）

題となっており、これらの若者の背景には生き
づらさがあることも指摘されています（松本，
2019）。薬物の問題に関して、学校教育のな
かで**未然防止教育**を行うことが必要です。

■　不良行為少年については、1989 年以降、
徐々に増加していましたが、2007 年をピーク
に、現在まで毎年減少傾向にあります。不良
行為の内容としては、**深夜徘徊**がもっとも多
く、次いで**喫煙**が続きます。この 2 つの行為
で全体の 80% 以上になります。非行のうち、
犯行手段が容易で、動機が単純である「万引
き」「オートバイ盗」「自転車盗」「占有離脱

物横領」の 4 つを**初発型非行**といい、これらをきっかけに本格的な非行に移行していく危険
が高いとされており、注意が必要です。また暴行や性非行などの**衝動的な非行**が増加してい
ることも指摘されています（宮寺，2020）。

■　インターネットを利用して、犯罪に巻き込まれたり加担したりする事案が、近年増加
しており、それらを未然に防ぐためには常に新しい情報を得ておくことが重要です。**違法
投稿**とは、SNS などにおいて法に触れるような内容の投稿を行うことであり、著作権法違
反、違法薬物の売買、ネット詐欺などがあります。十分に知識がないために意図せずに違
法投稿を行ってしまったり、犯罪に巻き込まれたりする児童生徒がいるため、**情報モラル
教育**の実施や、予防や対応の際には、警察、消費者センターなどと連携して防止教育を実
施することも重要です。

■　いわゆる「出会い系サイト」を利用した性犯罪から児童生徒を保護するために「**出会
い系サイト規制法**」が制定されていますが、現在は出会い系サイト以外の方法（たとえば無
料通話アプリ、SNS など）による被害が増加しています（**図 7-5**）。

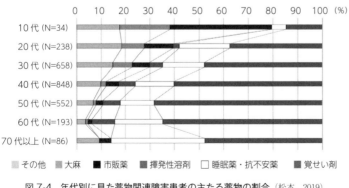

図 7-4　年代別に見た薬物関連障害患者の主たる薬物の割合（松本，2019）

性非行は、性別に
よって様態が異なっ
たり、年代によって
性に対する価値観が
異なっていたりする
ため、それぞれの
ケースに合わせた予
防や対応が必要で
す。また、性の話題
には、当事者や関係

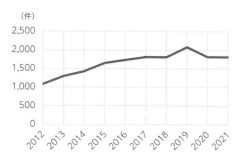

（件）

図 7-5　SNS に起因する事犯の被害児童数の推移
（警察庁生活安全局少年課, 2022）

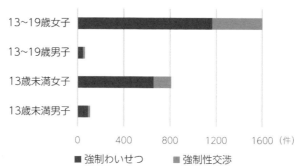

■ 強制わいせつ　　■ 強制性交渉

図 7-6　人が被害者となった刑法犯のうち性に関するものの認知件数
（厚生労働省, 2023）

者が問題を過小評価したり、否認をしてしまったりしやすい特徴がありますが、多くの、とくに女子が性犯罪の被害者となっています。デート DV などを含め、学校教育のなかで性犯罪の**未然防止教育**を行うことが望まれます。

（佐竹　圭介）

● ●

　　　おさえてほしい「重要資料」

7-1 「生徒指導提要（改訂版）」文部科学省（2022）第 6 章

7-2 「生徒指導提要（改訂版）」文部科学省（2022）第 5 章

7-3 「少年警察活動規則」第 1 章　総則

7-4 「生徒指導提要（改訂版）」文部科学省（2022）第 11 章

7-5 「犯罪白書」法務省法務総合研究所編,（毎年更新）第 3 編　少年非行の動向と非行少年の処遇

　　　子どもと先生を幸せにする「おすすめ書籍」

『その場で関わる心理臨床―多面的体験支援アプローチ―』田嶌誠一（2016）遠見書房

● ●

第2節 暴力行為・問題行動における関連機関

✓ 暴力行為は、小学校での生徒間暴力が急激に増加している
✓ 非行について、少年法と児童福祉法の関係をしっかり理解する
✓ 非行に関する各機関の役割やキーパーソンを把握する

学校や家庭での暴力行為 （「重要資料」7-5、6、7を必ず読みましょう）

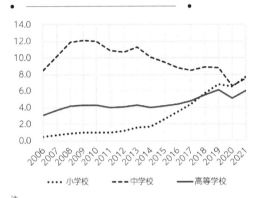

注
1「令和3年度児童生徒の問題行動・不登校等生徒指導上の諸課題に関する調査結果について」のデータを参考に作成した。
2 2014年度からは高等学校に通信制課程を含める。
3 小学校には義務教育学校前期課程、中学校には義務教育学校後期課程及び中等教育学校前期課程、高等学校には中等教育学校後期課程を含める。

図 7-7　暴力行為発生件数の推移
（1000人当たり件数）

■ 文部科学省の調査（「重要資料」7-6）では、**暴力行為**を「自校の児童生徒が、故意に有形力（目に見える物理的な力）を加える行為」と定義しており、その対象により**対教師暴力・生徒間暴力・対人暴力・器物損壊**の4つに分けています。図7-7は、2006年以降の学校での暴力行為の発生件数の校種ごとの推移です。高等学校はやや増えている程度で、中学校は減少し、小学校は2015年度以降、急激に増加しています。これはとくに**小学校**における**生徒間暴力**がこの10年のあいだに約8倍になっているためです。加害児童生徒の学年としてもっとも多いのは中学1年生ですが、小学校ではどの学年でも加害児童の数は変わらず、いずれの学年でも多い状況です（児童生徒の問題行動・不登校等生徒指導上の諸課題に関する調査結果について，2022）。家庭内暴力も2012年以降、毎年増加しており、最近ではとくに小学生が起こす案件が増加しています（法務省，2022）。

教育委員会

■ **教育委員会**は、都道府県や市町村などに置かれる行政機関の一つです。非行対応では、学校で生じた問題に関係機関が組織的に対応するために、学校をはじめ、以降に示しているようなさまざまな機関同士の連携の中心となります。教育委員会が管理する**教育相談機関**（教育センター・教育相談所など）では、専門的な知識をもった職員（たとえば指導主事、社会福祉士、臨床心理士など）による相談窓口を設けており、児童生徒の問題行動などについて相談することができます。さらに、学校が他機関と連携して実施する非行防止に関する教

育・教室などに関して、実施支援、研修、連絡調整、広報などを実施する役割も担います。

児童相談所 （「重要資料」7-8、9を必ず読みましょう）

■ 児童相談所は、都道府県や市町村に置かれる、**18歳未満の子ども**に関して児童福祉司などが専門的な対応を行う行政機関であり、非行に関しては、非行相談を受けたり、一時保護をしたり、さまざまな対応を行います。保護者がいなかったり保護者に監護させることが不適当であったりする児童のことを**要保護児童**と言い、また、保護者の養育を支援することがとくに必要とされる児童のことを**要支援児童**と言います（児童福祉法）。これらの児童は、児童虐待と関係することが多いですが、非行の問題の背景に家庭環境の問題がある場合もここに含まれます。**図7-8**のように、少年院入院中の少年において、被虐待経験がある場合も少なくなく、とくに女子は令和3年時点で6割近くに被虐待経験があります（法務省，2023）。触法少年や14歳未満のぐ犯少年であり、同時に要保護児童である場合は、家庭裁判所ではなく、児童相談所に通告することが児童福祉法によって義務づけられています。このように、とくに**14歳未満**の児童生徒の非行等については、司法より児童福祉法における**福祉的措置を優先**するという原則があることを理解しておきましょう。

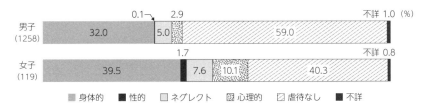

注　1　法務省大臣官房司法法制部の資料による。
　　2　虐待の定義は、児童虐待防止法による。ただし、ここでは保護者以外の家族による少年に対する虐待や、18歳以上の少年に対する虐待も含む。
　　3　「身体的」は、少年の身体に外傷が生じ、又は生じるおそれのある暴行を加えることをいい、「性的」は、少年にわいせつな行為をすること又は少年をしてわいせつな行為をさせることをいい、「ネグレクト」は、少年の心身の正常な発達を妨げるような著しい減食又は長時間の放置その他の保護者としての監護を著しく怠ることをいい、「心理的」は、少年に著しい心理的外傷を与える言動を行うことをいう。
　　4　複数の類型に該当する場合は、主要なもの一つに計上している。
　　5　（ ）内は、実人員である。

図7-8　少年院入院者の被虐待経験別構成比
（法務省，2023）

警　　　察 （「重要資料」7-8を必ず読みましょう）

■ 学校内で犯罪行為が行われたり、非行少年が検挙・補導されたりした場合には、警察が関わりますが、その他にも非行予防のための連携先としても重要な機関です。学校が警察と連携して実施する活動には、**学校警察連絡協議会**や**学校警察連絡制度**などがあり、これらを活用して日頃から警察と情報共有を行うことが重要です。警察は、専門的な知識や技能により少年の非行防止を行う機関として、**少年サポートセンター**を各都道府県に設置しており、非行に関する相談活動や街頭補導のほか、**非行防止教室、被害防止教室、薬物乱用**

防止教室などの未然防止教育を依頼できます。

司法関係機関　（「重要資料」7-8 を必ず読みましょう）

■ 非行少年は、軽微な道路交通法違反以外はすべて**家庭裁判所**に送致されることとなっています（**全件送致主義**）。ただし、14 歳未満の少年については、児童福祉法が優先され、児童相談所へ通告されます（本節の「児童相談所」の項参照）。家庭裁判所では主に**家庭裁判所調査官**が調査を行い、処遇が決定するまでの重要な連携先となります。**少年鑑別所**は、主に家庭裁判所の求めに応じて少年の犯罪行動の原因などを調査し、その改善のための指針を示すこと（鑑別）のほか、**法務少年支援センター**として、非行に関する相談や非行防止教室・研修なども実施している機関です。**少年院**は、主に家庭裁判所の決定によって、犯罪的傾向が進んでいたり、心身の著しい障害があったりする少年を収容し、矯正教育などを

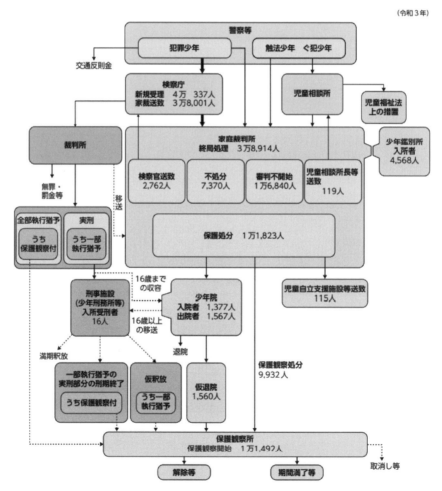

図 7-9　**非行少年処遇の概要**（法務省，2023）

行う機関です。矯正教育を受けていた期間は、指導要録上**出席扱い**にすることが可能です。

● 更 生 保 護 ● （「重要資料」7-8 を必ず読みましょう）

■ 少年院からの仮退院で出院や、家庭裁判所の決定があった場合、**保護観察**を受けることとなります。保護観察とは、犯罪をした人や非行のある少年の立ち直りのため、社会のなかで指導・支援を行い、再犯・再非行を防ぐための処遇で、**保護観察所**に配置されている**保護観察官**と、地域で活動する**保護司**が協力して実施しています。学校も保護観察を受けている少年の受け入れ先の一つとして重要な役割を果たす必要があるため、保護観察官や保護司と連携することが重要です。保護司との連携の拠点としては、保護司会が開設・運営している**更生保護サポートセンター**があります。

表 7-1　連携機関のキーパーソン

連携機関	キーパーソン
教育委員会	指導主事、臨床心理士、社会福祉士
警察	警察官、相談員、少年補導職員
少年サポートセンター	少年補導職員、少年育成官
少年補導センター	少年補導委員
児童相談所	児童福祉司、児童心理司
家庭裁判所	家庭裁判所調査官
少年鑑別所	法務教官、法務技官
少年院	法務教官
保護観察所	保護観察官
更生保護サポートセンター	保護司

（佐竹　圭介）

おさえてほしい「重要資料」

7-5 「犯罪白書」法務省法務総合研究所（編）（毎年更新）第 3 編　少年非行の動向と非行少年の処遇

7-6 「児童生徒の問題行動・不登校等生徒指導上の諸課題に関する調査結果について　暴力行為」文部科学省初等中等教育局児童生徒課（毎年更新）

7-7 「生徒指導提要の改訂に関する協力者会議（第 3 回）ヒアリング資料——近年の少年非行」（宮寺貴之，2020）

7-8 「生徒指導提要（改訂版）」文部科学省（2022）第 6 章 4

7-9 「生徒指導提要（改訂版）児童福祉法の要保護児童」文部科学省（2022）第 6 章 1.3

子どもと先生を幸せにする「おすすめ書籍」

『生徒指導資料 第 4 集 学校と関係機関等との連携——学校を支える日々の連携』国立教育政策研究所生徒指導研究センター（2011）

『先生に知ってほしい家庭のサイン』五十嵐哲也他（編）（2022）少年写真新聞社

第3節 | 対応の基本

✓ 非行防止には、教員が児童生徒に関心をもち、前兆行動に気づくことが重要
✓ カウンセリングマインドとリーガルマインドの両立
✓ 正確な事実の確認と背景となる環境や気持ちの理解を丁寧に行う

予防の観点 （「重要資料」7-10、11、12 を必ず読みましょう）

■ 学校における非行防止でもっとも重要なことの一つは、教員が関心をもって児童生徒と関わり、前兆行動に早期に気づくことです。そのための視点として以下の3つがあります。1つ目が**発達課題**の視点です。思春期・青年期において直面することの多い心理的課題が、非行というかたちで表れることを理解しておくことが重要です。このような非行には、適切な指導・支援により精神的成熟を促すことが重要であるため、児童生徒が相談をしやすい環境を整えることが予防の要となります。2つ目が**障害特性**の視点です。発達障害を背景とした衝動性や見通しをもつことの苦手さ、あるいは精神障害を背景とした不安や精神症状などから非行が生じる可能性があることに留意しておきましょう。このような児童生徒に対しては、教員が一人で抱えることなく、**チーム学校による支援**を行い、学校全体でしっかり関わることが非行の予防へとつながります。3つ目が**環境**の視点です。児童生徒の生活習慣や養育環境、さらには学校環境や地域社会の環境などが非行に及ぼす影響を理解しておくことが重要です。常日頃から家庭、地域などと連携し、情報共有を行う姿勢が非行の早期発見や予防につながります。

非行への対応の基本 （「重要資料」7-13 を必ず読みましょう）

■ 非行への対応においては、丁寧に聞き取りを行ったり、相手が伝えたいことを先入観なく受け止めたりするなどの**カウンセリングマインド**を基本としながらも、少年法や児童福祉法などの法律や学校における規則やルールなどの決まりに則った毅然とした態度をとる**リーガルマインド**も同時に意識しておくことが重要です（石橋. 2018）。また、非行への対応では、非行をした児童生徒への指導に目が向きがちですが、同時に他の児童生徒や家族など、**周囲への影響**も留意しておくことが必要です。とくに被害者が生じるような非行の場合は、被害者の思いや願いを見落とさないように注意します。そして聞き取りをする対象が複数人いる場合では、一人ずつ個別で聴取するようにします。これは、他者の影響を受けて記憶や意見が変わってしまうことを防ぐためです。事実確認が不十分であったり、教職員の思い込みが先行したりすると、関係者に不信感を生じさせる可能性があるため、確認した事実や指導内容についてはそのつど記録をとることが必須です。

児童生徒への関わりの基本

■ 聞き取りを行う際は、正確な事実の確認と背景となる環境や気持ちの理解という2つの視点を意識します。正確な事実を聞き取るためには、yesかnoで答えられる質問（**クローズド質問**）より、相手の自発的な語りを促す質問（**オープン質問**）の方が望ましいとされます。「どうしてそのようなことをしたのか」という理由を問うものには答えにくい場合があり、「その前にどのようなことがあったのか」という**時系列を意識した質問**は答えやすくなる傾向があります（佐々木, 2017）。そして児童生徒の自分の行動についての考えや気持ちを確認するためには、「何がまずかったと思うのか」「その時どうすれば良かったと思うのか」「全く同じ状況になった時、これからはどうしようと思うのか」の3つの質問が役に立ちます（佐々木, 2017）。「何が悪かったのか」ではなく「何がまずかったのか」と尋ねることによって、善悪の判断を抜きに児童生徒の考えや気持ちを確認することが肝要です。

保護者への関わりの基本

■ 非行に関しては、教員と保護者のあいだで対立関係が生じやすい特徴があります。それは、学校が保護者にお願いしたいことと、保護者が学校に期待することが衝突するためです。お互いにニーズを確認し、すり合わせていく作業を丁寧に行い、共通の目標を共有するようにしましょう。非行に関する保護者とのやりとりにおいては、これまで家庭ではどのような対応を行ってきたのかを確認しておくことが役に立ちます（佐々木, 2017）。これにより、非行や問題行動の深刻さが理解できると同時に、保護者になじむ対応方法を知る機会になるためです。要求が多い、連絡がとれないなど、やりとりが難しい保護者の場合、教員が一人で抱えることはせず、連絡会議などを活用し、複数人の教員で情報を共有することや、スクールカウンセラーやスクールソーシャルワーカーなどの専門職と連携しながら、組織的な対応をすることが解決につながります。

（佐竹　圭介）

おさえてほしい「重要資料」

7-10「生徒指導提要（改訂版）」文部科学省（2022）第6章4

7-11「生徒指導提要（改訂版）」文部科学省（2022）第13章1

7-12「生徒指導提要（改訂版）」文部科学省（2022）第3章

7-13「生徒指導提要（改訂版）」文部科学省（2022）第6章

子どもと先生を幸せにする「おすすめ書籍」

『非行・問題行動と初期支援―早期解決につながる見立てと対応―』石橋昭良（2018）学事出版

『初期非行の指導』佐々木大樹（2017）愛知教育大学出版会

hapter8

個別の理解と支援

第1節 │ 特別支援教育

> ✓ 特別支援教育は、一人ひとりの教育的ニーズを把握し、自立と社会参加につなげる
> ✓ インクルーシブ教育システム構築には、「基礎的環境整備」と「合理的配慮」が重要
> ✓ 特別支援教育は、教員間や専門家との連携と支援計画などのツールによって機能する

特別支援教育の理念と全体の構造 （重要資料8-1、2、3を読みましょう）

■ 特別支援教育について文部科学省（重要資料8-1）では以下のように定義しています。

> 障害のある幼児児童生徒の**自立と社会参加**に向けた主体的な取り組みを支援するという視点に立ち、幼児児童生徒一人一人の**教育的ニーズ**を把握し、その持てる力を高め、生活や学習上の困難を改善又は克服するため、適切な指導及び必要な支援を行うもの

■ 特別支援教育は、これまでの特殊教育から制度が変更された際に、視覚障害、聴覚障害、知的障害、病弱・身体虚弱、肢体不自由に加えて、学習障害や注意欠陥多動性障害、自閉症等の**発達障害**も対象になりました。そして支援を行う場も**特別支援学校**だけでなく、通常の学校における**特別支援学級**や**通級による指導**とされ、一人ひとりの教育的ニーズに応じて適切な教育的支援を行う構造になっています（図8-1）。このように現在特別支援教育は、知的な遅れのない発達障害も含めて、特別な支援が必要な子どもたちが在籍する**すべての学校**で実施されることになっています。

■ 特別支援学校は、障害の程度が比較的重い子どもが対象です。特別支援学級は、障害の種別ごとの少人数の学級です。これらは通常の学級とは異なる教育課程を編成できます。また、通常の学級の児童生徒とともに学ぶ「交流・共同学習」の機会を設け、互いに尊重し合うことの大切さや豊かな人間性を育みます。通級による指導は、通常の学級に在籍しながら、障害に応じた**困難の改善・克服に必要な指導**を、通級指導教室などに通い行います（週に1～8時限）。2016年からは、**高等学校**でも**通級の指導**が始まりました。通常の学級では、たとえば、小学校学習指導要領と中学校学習指導要領（重要資料8-2、8-3）（2017年告示）において教科ごとに障害のある児童生徒の特性に応じた具体的な配慮の例が示されるなど、インクルーシブ教育システムの理念のもとで、指導内容や指導方法の工夫を組織

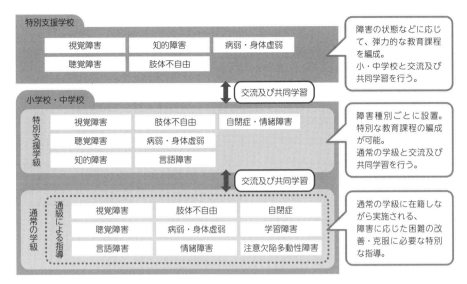

図8-1 特別支援教育の対象を中心とした構造（文部科学省（2019）を参考に著者作成）

的・計画的に行うことが求められています。幼児児童生徒一人ひとりの特性に加え、それぞれの学びの場の特徴や狙いをふまえておくことが重要です。

■ 2022年の文部科学省の調査では、通常の学級において学習面又は行動面で著しい困難を示すと教員が感じる児童生徒の割合は8.8％でした。また文部科学省は「**特別支援教育を担う教師の養成の在り方に関する検討会議**」（2022年）において、すべての教員の特別支援教育に関する専門性の向上を、組織的・計画的に実施する必要性を示しました。今後、教員には特別支援教育の理念やシステムなどの基礎的知識の理解が必要であると言えます。

今日的障害のとらえ方・インクルーシブ教育システム

■ 世界保健機関（WHO）は、2001年に採択した**国際生活機能分類**（ICF：International Classification of Functioning, Disability and Health）において、障害を「疾病などに基づく側面」と「社会的な要因による側面」からとらえ直しました（図8-2）。ICFでは、すべての人間の**生活機能（プラス面）**を前提として、障害から生じる心身機能・活動・参加でのマイナス面をそのなかに位置づけました。また、障害の状態をその人の健康状態や環境・個人因子と**相互に影響**するものととらえました。このとらえ方は、「**障害を理由とする差別の解消の推進に関する法律**（障害者差別解消法）」（2013年批准、2016年施行）や「特別支援学校教育要領・学習指導要領解説　自立活動編（幼稚部・小学部・中学部）」（2018年）でも重視されています。

■ そして2006年には、国連において「**障害者の権利に関する条約**（障害者権利条約）」が採択され、障害のある子とない子が共に学ぶ**インクルーシブ教育**が国際的な教育の枠組みとなりました。日本も同条約を2014年に批准し、インクルーシブ教育システム構築に向けて、特別支援教育推進に取り組んでいます。このインクルーシブ教育システムの構築には

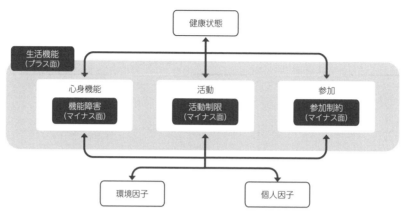

図 8-2　生活機能のプラス面と障害によるマイナス面を加えた国際生活機能分類（厚生労働省 (2002) を参考に著者作成）

合理的配慮（重要資料8-4）や**基礎的環境整備**が必要です（図8-3）。合理的配慮は、一人ひとりの障害の状態や教育的ニーズに応じて、発達の段階を考慮しながら、設置者（教育委員会等）や学校と、本人や保護者のあいだで、**可能なかぎり合意形成を図って決める**ことが望ましいとされています。なお、合理的配慮と基礎的環境整備は、いずれも「学校の設置者及び学校に対して、体制面、財政面において、**均衡を失した又は過度の負担を課さないもの**」とされています。

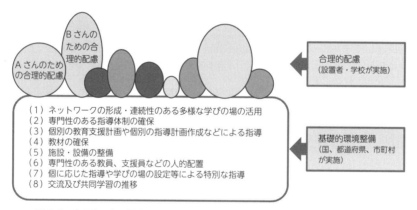

図 8-3　合理的配慮と基礎的環境整備について（文部科学省 (2012) を参考に著者作成）

> **合理的配慮**（文部科学省, 2012）「障害のある子どもが、他の子どもと平等に 「教育を受ける権利」を享有・行使することを確保するために、学校の設置者及び学校が必要かつ適当な変更・調整を行うことであり、障害のある子どもに対し、その状況に応じて、学校教育を受ける場合に個別に必要とされるもの」

■ インクルーシブ教育システムでは、障害のある子どもとない子どもが、同じ場で学ぶことを追求するため、特別な教育的ニーズを有する子どもにもっとも的確な指導を提供でき、かつ**連続性**のある**多様な学びの場**を整備することや**学校間連携**等の推進、そして教職員の専門性向上が重要であるとされています。

特別支援教育を支えるシステム

■ 特別支援教育を支えるシステムに、校内委員会や特別支援教育コーディネーター、巡回相談員と専門家チーム、個別の教育支援計画と個別の指導計画等があります（図8-4）。

①**校内委員会**：全校での支援体制の確立、教育上の支援が必要な幼児児童生徒等のニー

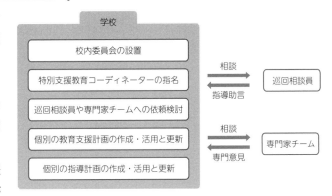

図8-4　特別支援教育を支えるシステム

ズの把握、支援内容の検討と共有（個別の教育支援計画などの作成活用や合理的配慮の提供も含む）、支援効果の評価、障害による困難や支援内容に関する**判断・助言**を巡回相談員や専門家チームに求めるかどうかの検討、特別支援教育に関する**校内研修計画の企画・立案**を行う。

②**特別支援教育コーディネーター**：校内委員会の活動の推進、学級担任への支援や保護者に対する相談窓口、校内の幼児児童生徒の実態把握と情報収集の推進などを行う。中心的システムである校内委員会を機能させながら、校内の関係者（たとえば、担任、学年主任、養護教諭、スクールカウンセラーなど）をつなぐキーパーソン。日常的な連携が重要。

③**巡回相談員や専門家チーム**：教育委員会から派遣される校外の専門家。巡回相談員は各学校を訪問し、幼児児童生徒のニーズの把握や教員に対する助言、支援の実施や効果の評価に関する協力などを行う。専門家チームは、特別支援学校の教員、医師、心理学の専門家、理学療法士、作業療法士、言語聴覚士などから構成される。提示された助言・協力について、その内容の明確さや具体性、実現可能性、そして教員や保護者（本人）からみて適切かを考慮することが必要。

④**個別の教育支援計画**：正確なニーズの把握や他機関と連携しながら適切な支援を長期的に一貫して行うことを目的に作成。教育的ニーズや長期的な支援目標と支援内容に加え、家庭・医療・保健・福祉・労働等、教育以外のさまざまな関係機関の支援目標や支援内容についても記載。

⑤**個別の指導計画**：その年度での指導や支援のために作成。単元や学期、年間単位での正確なニーズの把握と適切な支援の実施、そしてその評価を一貫して行うことを目標として

作成される。校内での一人ひとりの教育課程（目標や方法・内容とその結果）を具体的にしたもので、校内の教員が共通理解を図るためにも活用される。

■ 個別の教育支援計画・個別の指導計画の有効活用

教育支援計画や指導計画は、事前の評価と計画、実施と記録、評価と計画の更新というサイクルを通して、児童生徒の（卒業後も含めた）人生や生活全体をより豊かなものにしていくためのツールです。これらは、教育相談においても有効に活用できます。たとえば、児童生徒の事前の評価では、家庭や放課後に通う施設のような、学校外の生活場面における実態や子どもの得意な面、そして本人や保護者の意向も含めて総合的にニーズを把握しています。これらのニーズを年度の早い段階でおさえておきましょう。また、教育支援計画の狙いと指導計画の具体的な支援内容を連動させつつ、簡便な記録と客観的な評価に基づいて計画を更新する工夫がなされています。学期ごと、進級・進学時、あるいは転出・転入時のような更新のタイミングで、必要な情報を収集することも重要です。そしてこのようなサイクルは、校内外の関係者がチームとなって迅速、かつ適切に展開していくことが求められていますので、日頃から関係者と連携をとっておきましょう。なお、いずれも個人情報が含まれているので取り扱いには留意が必要です。

（須藤　邦彦）

＊・・・・・・・・・・・・・・・・・・・・・・・・・・・・・・

おさえてほしい「重要資料」

8-1 「特別支援教育を推進するための制度の在り方について（答申）第2章　特別支援教育の理念と基本的な考え方」文部科学省（2005）

8-2 「小学校学習指導要領解説」文部科学省（2017）

8-3 「中学校学習指導要領解説」文部科学省（2017）

8-4 「共生社会の形成に向けたインクルーシブ教育システム構築のための特別支援教育の推進（報告）概要」文部科学省（2012）

子どもと先生を幸せにする「おすすめ書籍」

『はじめての特別支援教育（改訂版）』柘植雅義（2014）有斐閣

・・・・・・・・・・・・・・・・・・・・・・・・・・・・・・

第2節 | 発達障害とは

> ✓ 発達障害のある子どもは、適切な指導・支援により成長する
> ✓ 分かりやすい指示を出すなど、子どもが成功しやすくなる配慮が大切
> ✓ 適切な行動をほめて伸ばすことを大切にする

発 達 障 害

■ 発達障害とは、基本的には学習障害（限局性学習症：LD；Learning Disabilities）、注意欠如多動症（ADHD；Attention-Deficit ╱ Hyperactivity Disorder）、自閉スペクトラム症（ASD；Autism Spectrum Disorder）、そして、知的障害を含むこともあります。上記のような子どもたちは、2歳代くらいから発達に偏りや遅れがみられます。そして幼稚園・保育所等や、小学校入学以降もさまざまな困難さを抱える子どもも少なくありません。このような子どもたちの発達や成長を支えるために、とくに小学校入学以降の教育分野では、特別支援学校、小中学校内特別支援学級、さらには通級による指導（通級による指導の対象は知的障害を除く）等で、個々の子どもの実態に応じたきめ細やかな指導が行われています。現場の先生方をもっとも悩ませている大きな問題の一つに、行動問題（加藤, 2000, 2008）があげられますが、この行動問題への客観的な理解や効果的かつ効率的な対応、そして学習課題や対人関係におけるつまずきの理解と対応にもさまざまな専門的知識が求められます。なお、発達障害のある子どもたちと接する際は、この子たちを「（何かが）できない子」と考えるのではなく「できるようになるまでに、少し時間や工夫を必要とする子」と考えるとよいでしょう。

学 習 障 害

①**状態**：学習障害（限局性学習症：LD）は、わが国における教育領域での定義では、「基本的には全般的な知的発達に遅れはないが、聞く、話す、読む、書く、計算する又は推論する能力のうち特定のものの習得と使用に著しい困難を示す」とされており、学習面に困難さがみられます。小学生から高校生にかけては、教科学習につまずきがみられ、大学あるいは社会人になっても、文章の作成や地図の読み取り等をはじめ、同様の困難さがみられます。このなかで、読み書きに困難を生じる場合は、**読み書き障害（ディスレクシア）**と言います。また、なかには対人面や運動面において苦手さを感じる人たちも含まれます。
②**支援**：学習障害のある人たちの抱える困難さを軽減するためには、「その人の認知特性を理解し、それにマッチした方法を選択して指導を展開していく」ことが大切です。年齢にもよりますが、「やればできるはず」のように無理をさせるより、どうしても難しい場

合、たとえば、黒板の文字をすべてノートに書き写すことが困難な場合は黒板の文字の写真撮影を許可したり、計算するのが難しい場合は電卓を使ってもよいとする学習方法の変更も大切です。

注意欠如多動症

①**状態**：注意欠如多動症（ADHD）は、忘れ物が多い、集中が続かないなどの注意力障害（**不注意**）、じっとしていられない、しばしばしゃべりすぎる等の**多動性**、順番を守れない等の**衝動性**を主たる症状とします。注意欠如・多動症の子どもたちは、幼少期から周囲の大人たちに厳しく叱られたりすることが多く、**自己評価**や**自己肯定感**が低下している場合が多いとされています。

②**支援**：学校における支援としては、通級による指導の場を活用した社会的スキルの指導、怒りの感情のトレーニング等も含まれますが、注意欠如・多動症の子どもたちが少しでも穏やかに学校生活を送れるよう、さまざまな配慮も必要です。たとえば、勉強が苦手な子どもに他の子どもと同レベルの課題遂行を要求することは控えた方がよいでしょう。また、気が散りやすい子どもについては、気になる物が視界に入らないように工夫することも大切なことです。注意欠如・多動症の子どもたちのなかには、行動問題を示す子どもも含まれます。行動問題に対する分析と対応方法も数多く報告されていますが、まずは、子どもたちの示す適切な行動に目を向け、その行動を増やしていくことを第一に考えることも肝要です。

自閉スペクトラム症

①**状態**：自閉スペクトラム症（ASD）は、人づき合いの苦手さ、こだわりの強さ（興味関心が限定的）という特徴があります。また、たとえば赤ちゃんの泣き声のような高い声が苦手というような聴覚過敏、あるいは帽子をかぶらない、靴下を履かない、洗濯のりの利いたワイシャツが苦手というような触覚過敏も見受けられます。さらに、いわゆる「何をしてもよい＝自由時間」を過ごすのが苦手で、やることが明確でないため、つい不適切な行動をしてしまう、ということもあります。「自閉」という漢字を使いますが、だからといって「人との関わりをもちたくない」というより、「人との関わりはもちたいが、どうしたらよいのかわからない」と感じている人たちであると考えた方がよいでしょう。また、「スペクトラム」というのは、「連続体」という意味で、その特徴が色濃く出るケースと、そこまでではないケースとがグラデーションのように連続していると理解するとよいかと思います。

②**支援**：自閉スペクトラム症そのものを治す方法は現時点ではまだ見つかっていませんが、自閉スペクトラム症のある人たちの抱える困難さを軽減するための方法は日々開発され、実践されています。いくつかの対処法を紹介すると、（先に示した聴覚刺激などの）嫌悪

的な刺激をなるべく減らす・なくす、見通しがつきやすくなるよう、たとえ自由時間であったとしても、その自由時間のスケジュールを視覚的に提示する等があります。自由時間をスケジューリングしてしまうと窮屈な気もしますが、自閉スペクトラム症の人にとっては、その方が安定して過ごすことができることも多いようです。

知的障害・発達障害のある子どもへの合理的配慮

■ 第1節でもふれたように、文部科学省（2012）によると、合理的配慮とは、「障害のある子どもが、他の子どもと平等に『教育を受ける権利』を享有・行使することを確保するために、学校の設置者及び学校が必要かつ適当な変更・調整を行うことであり、障害のある子どもに対し、その状況に応じて、学校教育を受ける場合に個別に必要とされるもの」であり、「学校の設置者及び学校に対して、体制面、財政面において、均衡を失した又は過度の負担を課さないもの」とされています。ごく簡単に言うと「○○があったら、この子もできるのになあ」の「○○」を、「無理のない範囲で提供すること」ということでしょうか。

■ 具体的に知的障害・発達障害のある児童生徒の対人相互交渉について考えてみると、たとえば、「廊下を走ってはいけません」「□□に手を触れてはいけません」と禁止の言葉で伝えるより、「廊下は歩きましょう」「『手はおひざ』ですよ」のように、禁止の言葉を使わず、やるべき行動を明確に指示してあげた方がよいでしょう。また、複数の指示を一度に出してしまうと、うまく指示通りに動けない場合があります。このような場合、まず、1つ指示し、それが遂行できたら、次の指示を出す、という具合に、1つずつ指示を出すと成功する確率が高まります。なお、禁止や否定の言葉は、子どもが不安に感じたり、興奮することもあります。そして、このことが癇癪などの激しい行動に発展してしまうこともありますので、なるべく控えた方がよいでしょう。

通常の学級における在籍者数

■ 第1節でもふれたように、文部科学省（2022）によると、「知的発達に遅れはないものの学習面又は行動面で著しい困難を示す」とされた小学校・中学校の児童生徒の割合が約8.8パーセントであるとされています。この数値を35人学級にあてはめてみますと、1学級あたり3名程度在籍する計算になります。このようなことから、どの学級にも上記のような児童生徒たちが在籍していることを前提に、たとえば、指示をする際には区切って行う、スケジュールを明確にする、子どもの適切な行動に目を向け、それが生起したらすぐにほめるなどのような、さまざまな配慮を行うとよいでしょう。このような配慮は、定型発達（簡単に言うと発達に遅れや偏り等がなく、通常の発達）をしている子どもにとっても有益なものとなります。

行動問題への具体的支援方法

　以下に、行動問題への支援について具体例をあげて説明します。

①**行動問題**：ある児童は、授業中、担任教員が学習課題の手順を説明している最中に、その場から立ち去るという離脱・逃走行動をします。補助の教員がつかまえて、元の位置に戻しますが、またしばらくすると離脱・逃走します。

②**アセスメント**：そこで、この離脱・逃走行動のアセスメント（ABC 機能分析：先行条件−行動−後続条件の枠組みから、行動の機能を客観的に分析すること）を行いました。すると、（Antecedents: 先行条件）担任の説明がおおむね 15 分以上のように長いと、（Behavior: 行動）離脱・逃走し、（Consequences: 後続条件）元の位置に連れ戻されはするものの多少の時間は担任の長い説明から逃れることができる、と分析できます。この行動は「逃避機能」を有していると考えられます。「離脱・逃走したから連れ戻さなくては」と考えてしまうのは、ある意味においては自然なことかもしれませんが、この行動がくり返されているという現実にかんがみれば、このままではあまり適切な対応とは言えないと思われます。

【ここまでの ABC 機能分析】

　A（先行条件）B（行動）　　C（後続条件）　（考えられる児童の気持ち）

　長い説明 → 離脱・逃走行動 → 連れ戻される　※連れ戻されはするものの、長い説明を一部聴かずに済んだ。ヤレヤレだけど、ラッキー。

③**支援手続き**：担任教員の説明が長いと離脱・逃走行動が起きるので、説明を短くするとよいでしょう。この児童は 5 〜 6 分であれば、なんとかその場にいて説明を聴くことができることが分かりましたので、（A: 先行条件）説明時間を 5 〜 6 分程度に短縮し、（B: 行動）説明が聴ける等の授業参加行動が生起した時には、（C: 結果）労いの言葉（「がんばっているね」等）をかけ、そして次の手順へと移す対応をとりました。

【新しい ABC 機能分析】

A（先行条件）B（行動）　C（後続条件）（考えられる児童の気持ち）

短い説明 → 説明を聴く行動 → 労いの言葉　※説明を聴いていると労いの言葉をかけて
もらえた。嬉しいな。

④**評価**：上記のような支援手続きを導入した結果、離脱・逃走行動は激減し、学習課題参加行動が徐々に増えていきました。このように、離脱・逃走行動の原因を探り、説明を聴く行動が起きやすい先行条件を整備し、労いの言葉をかけるなどの後続条件における対応をとったことが、このケースを成功裏に導いたことが分かります。

循環論に陥らない

■　さて、今ネズミが水を飲んでいるとします。循環論に陥った説明と陥らない説明について以下にみてみましょう。

【循環論に陥った説明】

A さん：どうしてネズミは水を飲んでいるの？

B さん：ネズミは水を欲しがっているから

A さん：なんでそれが分かるの？

B さん：だって、水を飲んでいるじゃない

【循環論に陥らない説明】

A さん：どうしてネズミは水を飲んでいるの？

B さん：気温が 35 度超、あのネズミ、2 時間は水を飲んでいないから

A さん：なんでそれが分かるの？

B さん：温度計と時計を見れば分かる

循環論に陥ってしまうと、行けども行けども答えは出ませんし、実を言うと、すでに分かっていることを別の言葉にしただけということになります。つまり、説明になっていないということです。一方、「気温 35 度」と「2 時間」ということは、温度計と時計を見れ

ば分かります。

■　先ほどの離脱・逃走行動を示す児童の対応例について、循環論に陥った説明と陥らない説明について以下にみてみましょう。

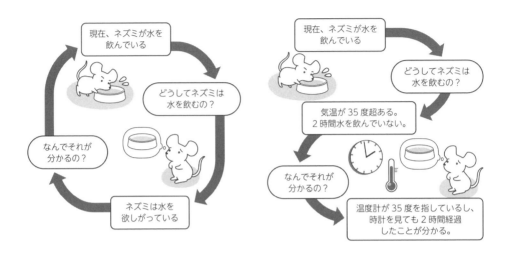

【循環論に陥った説明】

Ａさん：なぜ離脱・逃走行動が生起するの？

Ｂさん：あの児童には忍耐力がないから

Ａさん：なんでそれが分かるの？

Ｂさん：だって、離脱・逃走するじゃない

【循環論に陥らない説明】

Ａさん：なぜ離脱・逃走行動が生起するの？

Ｂさん：担任の説明が15分を超えたから

Ａさん：なんでそれが分かるの？

Ｂさん：時計を見れば分かる

■　具体的対応策が生まれるよさ：循環論に陥らない考え方が可能になると、担任の説明時間を短くすれば離脱・逃走行動は未然に防止できる可能性が出てくることが分かります。このように、具体的で効果的な解決策を見出すためにも、循環論に陥らないように説明できることが肝要です。そのために、以下の「おすすめ書籍」をぜひ参考にしてください。

（松岡　勝彦）

子どもと先生を幸せにする「おすすめ書籍」

『行動分析学入門』杉山尚子他（1998）産業図書

『行動分析学入門―ヒトの行動の思いがけない理由―』杉山尚子（2005）集英社

第3節 | 発達障害のある児童生徒への支援の基本

✓ 「障害の診断名」に応じた支援ではなく、「困難さ」に応じた支援
✓ 児童生徒の特性を変えるのではなく、「環境」を変える
✓ 個別支援の前に、まずは全体への支援を充実させる

困難さに応じた支援

■ 発達障害は、たとえ同じ診断名であってもその状態像は一人ひとりの児童生徒によって大きく異なります。たとえば、学習障害（LD）には、読み書きが困難なタイプもあれば、計算が困難なタイプもあります。注意欠如多動症（ADHD）には、多動性や衝動性が強いタイプもあれば、不注意が強いタイプもあります。自閉スペクトラム症（ASD）には、言葉の発達の遅れが伴うタイプもあれば、そうでないタイプもありますし、感覚の過敏さがあるタイプもあれば、逆に鈍感さがあるタイプもあります。もちろん困難さの程度も一人ひとり異なります。したがって、発達障害のある児童生徒への支援において重要なことは「障害の診断名に応じた支援」ではなく、「**困難さに応じた支援**」です。「LD のある児童生徒にはこの教材」「ADHD のある児童生徒には○○トレーニング」「ASD のある児童生徒には視覚支援」といったように、支援の内容や方法を障害の診断名によって決めるのではなく、一人ひとりの児童生徒が何に困っているのかを丁寧にアセスメントし、一人ひとりの困難さに応じた支援を考えていきます。

■ 小学校や中学校の学習指導要領（2017 年告示）にも、「障害のある児童などについては、学習活動を行う場合に生じる**困難さ**に応じた指導内容や指導方法の工夫を計画的、組織的に行うこと」と記載されており、同解説には、児童生徒の困難さと、その困難さに応じた支援の意図や支援方法の例が詳細に示されています。たとえば、小学校学習指導要領解説国語編には「文章を目で追いながら音読することが困難な場合には、自分がどこを読むのかが分かるように教科書の文を指等で押さえながら読むよう促すこと、行間を空けるために拡大コピーをしたものを用意すること、語のまとまりや区切りが分かるように分かち書きされたものを用意すること、読む部分だけが見える自助具（スリット等）を活用することなどの配慮をする。」といった記載があります。

環境を変える

■ 発達障害のある児童生徒が抱える困難さの原因はどこにあるのでしょう？ 発達障害のある児童生徒には、多くの場合いわゆる「特性」があります。たとえば、目で見た情報を処理することが苦手、物事を記憶して頭のなかで操作することが苦手、一つのものに注

意を集中し続けることが苦手、耳からの情報に敏感で大きな音が苦手、はじめてのことや急な変更が苦手など、さまざまな特性があげられます。発達障害のある児童生徒の**困難さの原因**は、こうした特性にあるのでしょうか？ 目で見た情報を処理することが苦手だから、文字がうまく書けないのでしょうか？ 耳からの情報に敏感で大きな音が苦手だから、パニックになるのでしょうか？答えは「ノー」です。たとえば、大きな音が苦手な児童生徒の場合、音楽室でさまざまな楽器の音が一斉に鳴り響いているような騒がしい環境ではパニックになってしまうかもしれません。しかし、静かな環境やまわりの雑音を軽減できる耳あてを装着している環境であればパニックにはならないかもしれません。ここで大切なことは、「耳からの情報に敏感で大きな音が苦手」という特性は同じでも、騒がしい環境か静かな環境かによって困難さの程度や現れ方は異なるということです。つまり、発達障害のある児童生徒の困難さの原因は、決して特性そのものにあるのではなく、**環境**にあるのです。大切なことは、**環境を変える**ことであり、「特性があるからできない」ではなく「**特性があってもできる**」環境を工夫することなのです。

■ 発達障害のある児童生徒への支援において重要な環境とは、すなわち児童生徒の「**わかる**」「**できる**」「**やりたい**」を引き出す環境です。「わかる」を引き出す環境とは「何をすればよいかわかりやすい」環境であり、視覚的な支援、教材・教具の工夫、簡潔な指示、行動を促すスケジュール表や手順書などがあげられます。「できる」を引き出す環境とは「自分に合った方法で学べる」環境であり、多様な課題や学び方の選択肢の提示、望ましい行動を実際に練習する機会の確保などがあげられます。また、ICT機器等を活用して、ノートに手書きでメモをとる代わりにタブレット端末にキーボード入力でメモをとるなどの代替手段をとれる環境も大切です。「やりたい」を引き出す環境とは「やる気が起こるようなメリットがある」環境であり、児童生徒の望ましい行動に対する積極的な称賛・承認、即時のフィードバック、はなまるやシールといったご褒美などがあげられます。これら3つの環境が1つでも欠けてしまうと、支援はうまくいきません。たとえば、何をすればよいか「わかる」し、「やりたい」気持ちもあるけれど、そもそもそれをすることが「できない」場合、児童生徒の望ましい行動は起こりません。また、何をすればよいか「わかる」し、やろうと思えば「できる」が、児童生徒にとってのメリットが少なく「やりたくない」場合も児童生徒の望ましい行動は起こりません。発達障害のある児童生徒の「わかる」「できる」「やりたい」の3つすべてを引き出す環境が大切なのです。

■ 発達障害のある児童生徒のなかには、授業中の立ち歩き、暴言・暴力、自傷行為などのいわゆる問題行動を示す児童生徒もいます。多くの教員は、こうした問題行動を「なんとかして減らしたい」と考えるでしょう。しかし、問題行動にばかり注目していると、どうしても注意や叱責といった罰的な対応が多くなってしまいます。また、すでに述べたように、こうした問題行動の原因も障害の診断名や特性そのものにあるのではなく、環境にあるわけですが、なかなか問題行動が減らないと「あの子は発達障害があるから」や「こ

だわりが強いから」などというように環境にあるはずの原因を子ども本人に押しつけてしまう危険性もあります。そこで、大切になるのが「問題行動を減らす」という考え方から「**望ましい行動を増やす**」という考え方にシフトすることです。たとえば、授業中教室を飛び出してしまう児童生徒がいたとします。その際、「飛び出しを減らそう」と考えるのではなく「教室で課題に取り組む行動を増やそう」と考えます。当然ですが、1時間の授業のうち「教室で課題に取り組む行動」をしている時間が増えれば増えるほど「飛び出し」をする時間は相対的に減っていきます。問題行動を減らそうと考えなくても、望ましい行動を増やすことで、問題行動も減らすことができるのです。こうしたことからも、発達障害のある児童生徒の望ましい行動を増やすための「わかる」「できる」「やりたい」を引き出す環境が重要となります。

全体への支援の充実

■　第1節・第2節でも触れたように、文部科学省（2022）の調査によると、小・中学校の通常の学級に約8.8％の割合で、発達障害の可能性のある児童生徒が在籍しています。これは、たとえば1学級35人と想定して計算すると、1学級に3人程度の発達障害の可能性のある児童生徒が在籍していることになります。したがって、通常の学級においても発達障害のある児童生徒への支援は重要な課題となります。その際、大切なことは、個別支援を検討する前に、まず**全体への支援を充実**させることです。発達障害のある児童生徒への支援と聞くと、「発達障害のある○○さんにどう支援するか」という個別支援を考える方も多いかもしれません。しかし、学級経営などの全体への支援が不十分な状態では、個別支援もうまくいきません。まずは全体の支援を充実させる、それでもうまく行動できない、うまく学べない児童生徒には個別支援を検討するという順番が重要となります。この点については、文部科学省が2022年に改訂した生徒指導提要でも、発達障害のある児童生徒への支援について、個別的な指導や支援だけでなく、学級全体のすべての児童生徒への指導や支援から学級のなかでの個別的な指導や支援、そして、必要に応じて個別的な場での指導や支援を階層構造で考えることが示されています。

■　具体的な取り組みの例として、たとえば、学校全体で児童生徒の望ましい行動を教育的・肯定的な方法で育てていく「**学校規模ポジティブ行動支援**（School-wide Positive Behavior Support：SWPBS）」が近年拡大しています。SWPBSでは、3層の支援モデルが採用されており（図8-6）、まず第1層支援では、すべての児童生徒を対象に、目標となる望ましい行動を具体的に提示したり、児童生徒の望ましい行動に対して積極的に称賛・承認したりするといった支援を実施します。次に、第2層支援では、第1層支援において成果の上がらない児童生徒のグループを対象に、より高頻度・高密度の支援を実施します。そして、第3層支援では、第2層支援において成果の上がらない特定の児童生徒を対象に、より個に特化した支援を実施します。とくに、すべての児童生徒を対象とした第1層支援を充実

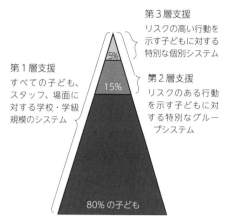

第１層支援
すべての子ども、
スタッフ、場面に
対する学校・学級
規模のシステム

第３層支援
リスクの高い行動を
示す子どもに対する
特別な個別システム

第２層支援
リスクのある行動
を示す子どもに対
する特別なグルー
プシステム

5%

15%

80% の子ども

図8-5　SWPBS の３層モデル（Sugai & Horner, 2006）

させることにより、第２層支援や第３層支援の対象となる児童生徒は相対的に減少し、結果として、本当に個別支援を必要としている児童生徒に十分な人と時間を配分することができるようになります。発達障害のある児童生徒への支援を効果的に進めるためにも、まずはすべての児童生徒を対象とした全体への支援の充実が重要となるのです。

（宮木　秀雄）

おさえてほしい「重要資料」

8-5「小・中学校学習指導要領解説」文部科学省（2017）

8-6「発達障害を含む障害のある幼児児童生徒に対する教育支援体制整備ガイドライン～発達障害等の可能性の段階から，教育的ニーズに気付き，支え，つなぐために～」文部科学省（2017）

8-7「障害のある子供の教育支援の手引～子供たち一人一人の教育的ニーズを踏まえた学びの充実に向けて～」文部科学省（2021）

子どもと先生を幸せにする「おすすめ書籍」

『３ステップで行動問題を解決するハンドブック―小・中学校で役立つ応用行動分析学―』大久保賢一（2019）学研プラス

『叱らずほめて伸ばすポジティブな特別支援教育―子どもの行動変容を促すアプローチ―』高津梓（2022）明治図書

第4節 | 性の多様性への理解

- ✓ 「女か男」だけでなく、人の数だけ性はある
- ✓ 教職員には性的マイノリティを理解し、差別偏見に敏感な態度が求められる
- ✓ 性同一性障害などの場合、医療機関を含む学校内外のサポートチームでの対応も重要

性の多様性への理解 （「重要資料」8-9、10を必ず読みましょう）

■ 制服の選択肢を増やすなど、性の多様性について教育現場でも考えられる機会が少しずつですが増えてきました。実際、「性同一性障害や性的指向・性自認に係る、児童生徒に対するきめ細やかな対応等の実施について（教職員向け）」（文部科学省，2016。以下、「重要資料」8-9と記す）がまとめられるなど、学校教育での**性的マイノリティ**への理解が求められています。人の性は、これまで「女か男しかない」という偏見がありましたが、**性自認**（gender identity：自分の性別への理解や、他者からどうみられたいかを示す自認）、**性的指向**（sexual orientation：恋愛や性愛がどの対象に向かうかを示す）、**性表現**（gender expression：服装など外見にあらわれる性をどう表現したいかを示す）などの次元から考え、みずから決めることができます。人の数だけ性はある、といえるでしょう。たとえば、レズビアン（L：女性同性愛）やゲイ（G：男性同性愛）、バイセクシュアル（B：両性愛）、トランスジェンダー（T：性自認が出生時決められた性別や身体的性別と一致しない）、クエスチョニング（Q：性的指向や性自認が不確か）の社会的な認知は広がってきました。また、近年は性的マイノリティについて、レズビアン、ゲイ、バイセクシュアル、トランスジェンダーの頭文字を取った「LGBT」や、LGBTQに限らずさまざまな性があることを示す「LGBTQ+」、性自認、性的指向、性表現の英語の頭文字をとった「SOGI」、「SOGIE」という言葉も用いられます。

■ 日本の性的マイノリティへの理解や対応は十分でなく、今も**差別**や**偏見**にあい、苦しい思いをしている児童生徒がいます。OECD（2019）の調査は、改善はみられるものの、日本が他国に比べて同性愛を認めていないことを示しました（先進国10か国中8位）。教育に関わる調査でいえば、日高（2021）が、性的マイノリティが学校でいじめの被害にあった経験率は58.2％、10代の自傷行為経験率は25.6％、10代の不登校経験率は30.2％であったことを示しています。文部科学省（2017）は、性同一性障害や性的指向・性自認に関する児童生徒へのいじめを防止するため、「いじめの防止等のための基本的な方針」を改定し、「性同一性障害や性的指向・性自認について、教職員への正しい理解の促進や、学校として必要な対応について周知する」ことを追記しています。学校でのさらなる性的マイノリティへの理解や人権意識の醸成などを含めた対応が求められています。

性的マイノリティへの対応 （「重要資料」8-9、10を必ず読みましょう）

■ 対応では、性的マイノリティに**肯定的**で、差別や偏見に**敏感**な態度が求められます（葛西・岡橋, 2011；Palma & Stanley, 2002）。相談のしやすい環境を作る、相談を受けた時には親身になる、性に基づくいかなるいじめや差別も許さないことを学級で伝えるなど、肯定的な態度を示すことも重要ですが、支援する者が性的マイノリティに関する映画を見たり、当事者と会って話をしたりするなどして、日常の言動に差別偏見がないか、敏感で、意識的であろうとみずからを省ることも求められます。

表8-1 性同一性障害に係る児童生徒に対する学校における支援の事例（文部科学省, 2015）

項目	学校における支援の事例
服装	自認する性別の制服・衣服や、体操着の着用を認める。
髪型	標準より長い髪型を一定の範囲で認める（戸籍上男性）。
更衣室	保健室・多目的トイレ等の利用を認める。
トイレ	職員トイレ・多目的トイレの利用を認める。
呼称の工夫	校内文書（通知表を含む。）を児童生徒が希望する呼称で記す。 自認する性別として名簿上扱う。
授業	上半身が隠れる水着の着用を認める（戸籍上男性）。 補習として別日に実施、またはレポート提出で代替する。
運動部の活動	自認する性別に係る活動への参加を認める。
修学旅行等	1人部屋の使用を認める。入浴時間をずらす。

■ 性的マイノリティの児童生徒への具体的な対応について、先述の「重要資料」8-9や、「性同一性障害に係る児童生徒に対するきめ細かな対応の実施等について」（「重要資料」8-10）が出されています。学校における支援体制を充実させる、**学校内外にサポートチーム**を作り、必要に応じて保護者や教育委員会、**医療機関と連携**する、卒業証明書などの性別欄の必要な書類では児童生徒が不利益を被らないような対応をする、児童生徒や周囲の状況に応じて個別に対応するといったことが求められています。関係者のあいだで情報共有を行う場合には、児童生徒や保護者に情報を共有する意図を十分に説明し、理解を得ることも必要です。さらには、性自認が身体的性別と一致せず、社会生活に支障が出たり、苦痛を感じたりしている**性同一性障害**の児童生徒のために、性別で区別がされる場面自体を見直すことも求められ、その事例が示されています（表8-1）。

（田中　将司）

おさえてほしい「重要資料」

8-9「性同一性障害や性的指向・性自認に係る、児童生徒に対するきめ細かな対応等の実施について（教職員向け）」文部科学省（2016）

8-10「性同一性障害に係る児童生徒に対するきめ細やかな対応の実施等について」文部科学省（2015）

子どもと先生を幸せにする「おすすめ書籍」

「LGBTQ+ の児童・生徒・学生への支援—教育現場をセーフ・ゾーンにするために—」葛西真記子（2019）誠信書房

教育の現場から：日曜深夜の週刊マンガ

　これは、私が生徒指導困難校で教頭をしていた時の話です。毎日、教師の指導に従わない約10人の生徒たちに手を焼いていました。その生徒たちは、いつも2時間目か3時間目に登校してきました。彼らは教師の指導にはなかなか従わず、私たちは何度も裏切られていました。しかし、ある若いA先生には不思議と逆らわず、言うことも聞き、気軽に笑顔で話していました。

　卒業祝賀会の時、A先生がこんな話をしました。「私は毎週日曜の深夜0時にコンビニに行き、必ず週刊少年マンガを買って読んでいました。彼らは月曜の朝、それを読んで登校してきます。その時にそのマンガの話を必ずするのです。だから私もその話についていくために、毎週買って読んでいました」と。

　学校にはさまざまな子どもがいます。そこで大切なことは「生徒の世界」まで降りていくこと、いつも子どものことを気にかけておくことだと思います。生徒たちは私たち以上に鋭いのです。だから、こちらが本心かどうかを見抜くこともできるのです。半端な気持ちではなく覚悟を決めること、誰にでもできることを誰もできないくらいにやること、そしてやっぱり子どもを好きになることが大事なのだとA先生に教えられました。

（山口大学教育学部教授（元山口県公立中学校校長）　時乗　順一郎）

教育の現場から：支援教育の教育相談

　これまで、地域コーディネーター業務や支援学校内開設の相談室で、障害や病気等を背景とする教育相談に多く携わってきました。

　このような相談では、本人も保護者も努力を重ねてきた上で今の困難状況にあり、自責の念さえ感じていることがあります。そのため、少しでも共感的理解のある労いと傾聴ができるよう、その障害や病気の詳細を予習して臨むようにしています。また、できない面ばかりに注目して行き詰まっている方も多いので、本来の活動目的は何かを一緒に整理することと、改善努力ではなく困難を超越する代替方法やツールを提案し体験してもらうことを大切にしています。その上で自己選択、自己決定を尊重します。

　近年のインクルーシブ教育や教育DXの推進から、障害や病気等のある方に関わる相談、デジタル社会とメンタル支援の相談は、より高ニーズかつ高難度になると思われます。そんななか、より大切になるのは、親身な相談と依存させる相談を履き違えず、困難事案はリファーや協働を求める謙虚さを忘れずに、本人の本質的で自立的な解決を目指す姿勢だと考えます。

　これからの先生方が共生社会と新時代に適した教育相談と支援を届けてくださることを期待しています。

（山口県公立特別支援学校教諭　田原　功三）

教育の現場から：子どもから学ぶ

　特別支援教育の必要な子どもとの関わりは、自分の行っている指導・支援を映す鏡のような存在だと感じる。指導、あるいは支援した通りの行動が、直後に反応として返ってくる。そこが特別支援教育の楽しさでもあり、醍醐味だと感じている。障害のある子どもたちは、自分に正直であり、素直である。教えているはずが、逆に教えられている。また、こちら側の人間性を見透かされていると感じる場面も幾度となく経験してきた。私自身、特別支援教育での子どもたちとの関わりから、障害の程度に関係なく、児童生徒に人として大切に関わることで、教員自身も子どもたちから大切にされていると感じる瞬間があるのだということも実感している。

　特別支援教育では、自分の経験だけでは解決できない、教員誰もが感じる「どうしたらいいんだろう」「なんで？」の悩みの答えも子どもと一緒に解決することができ、子どもと共に歩んでいる実感をダイレクトに味わえることも多い。指導・支援が間違った方向であれば、ちゃんと子どもが教えてくれる。行動問題や、二次障害に発展しないためにも子どもたちにしっかり関わり、自分の指導・視線を振り返ることを怠ってはいけない。

（山口県公立特別支援学校教諭　木村　和恵）

教育の現場から：「大切にしていること」

　私は5年間特別支援学校教諭として勤務してきました。そのなかで三つのことを大切にして、教育相談に取り組んできました。

　一つ目は、児童生徒の心を育むことです。個別の課題学習の時間に、定期的に教育相談を実施して、児童生徒の自己理解を深め、不安を払拭するよう心がけています。また将来学校を卒業した後、仕事場や福祉施設などで自分が困った時に、身近な人に自分から相談できる力を身につけられるように考えています。

　二つ目は、保護者の気持ちに寄りそうことです。児童生徒にとって、一番のよき理解者は御家族です。保護者が子育てで悩まれた時には、「一緒により良い支援を考えていく」というスタンスを大事にしています。

　三つ目は、教員間のチームワークです。特別支援学校は、小学部・中学部・高等部等があり、年齢層や勤務年数等の異なる教員で構成されています。教員も迷ったり困ったりした時には、悩みを気軽に言えたり、みんなで助け合ったりする職場づくりを心掛けています。

　この三つを大事にして、スクールカウンセラーや大学の先生方とも協働しながら、日々児童生徒とともに私たち教員も成長していけたらと考えています。

（山口大学教育学部附属学校園（特別支援学校）教諭　来島　芳子）

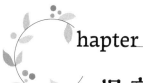

hapter
9

児童虐待への対応

 第1節 虐待の現状と影響

> ✓ 児童虐待は、18歳未満の子どもに対する、保護者による児童の正常な心身の発達を妨げるような虐待行為
> ✓ 児童虐待防止法において、児童虐待とは「身体的虐待」「性的虐待」「ネグレクト」「心理的虐待」の4種類
> ✓ 近年、心理的虐待の割合が増加

児童虐待の定義 （「重要資料」9-2を必ず確認しましょう）

■ 児童虐待は、子どもの心身の発達および人格形成に深刻な危険・影響を与える重大な権利の侵害です。「児童虐待の防止等に関する法律」（通称**児童虐待防止法**、2000年制定・施行）において、児童虐待は、①**身体的虐待**、②**性的虐待**、③**ネグレクト**、④**心理的虐待**の4種類に分類されますが（表9-1）、多くの場合、いくつかのタイプの虐待が複合しています。

表9-1　児童虐待の種類（文部科学省（2020）を参考に著者作成）

身体的虐待	幼児児童生徒の身体に外傷（打撲傷、あざ、骨折、刺傷、やけどなど）を負わせたり、負わせるおそれのある暴行を加えること。外側からは簡単に見えない場所に外傷があることも。
性的虐待	性的な満足を得るためにわいせつな行為をしたりさせたりすること。子どもをポルノグラフィーの被写体にすることも含まれる。
ネグレクト	心身の正常な発達を妨げるような著しい減食、長時間の放置、保護者以外の同居人による身体的・性的・心理的虐待の放置、そのほか保護者としての監護を著しく怠ること。（例：重大な病気でも病院に連れて行かない（**医療ネグレクト**）、学校へ行かせない（**教育ネグレクト**）、下着など長期間ひどく不潔なままにする、食事を抜くなどして腹を空かせたままにする、子どもの遺棄や置き去りなど。）
心理的虐待	子どもの心に長く傷として残るような経験・言動を行うこと。（例：子どもへの著しい暴言・拒絶的対応、子どもの存在を否定する言動や無視する振る舞い、きょうだい間で不当な差別待遇を行う、配偶者等に対する暴力・暴言を目撃させる（**面前DV**）など。）

　ネグレクトは、物理的には問題がないのに保護を放棄する「積極的ネグレクト」と、養育に関する保護者の知識・経済力の不足や、保護者が抱える疾患のため養育できないといった「消極的ネグレクト」とに分けられ、支援の方法が異なります。
■ ところで、「なぜ虐待が起きるのか」と疑問に思う人も少なくないでしょう。その原因・背景には、保護者の性格や心理状態だけでなく、家族の歴史や家族間の関係、経済的

背景など多面的要因が絡まっていることも多く、児童相談所等の専門機関では総合的な見立て（アセスメント）が行われます。学校・教職員も、虐待は「保護者の生育歴、就労や家計の状態、居住状況、ストレスや心身の問題、子どもの障害や疾病等の育児負担、望んだ妊娠であったのかなど多様な要因によって生じること」を理解しておくことが必要です。

児童虐待の現状

■ 児童虐待の相談・通告窓口は、**市町村（虐待対応担当課）**または**児童相談所**になっています。図 9-1 は児童相談所における虐待相談件数です。このように児童虐待の相談対応件数は、統計を取り始めた 1990（平成 2）年以降、右肩あがりに上昇してきました。虐待は、家庭という密室で行われること、相談できずにいる児童生徒も多いこと、保護者が自分の行為を虐待と認識していないケースもあることなどから、その実数は不明です。したがって、相談対応件数が増加しているからといって、虐待が増加しているかどうかは分かりません。むしろ、社会的関心の増加に伴い、相談機関・制度・法の整備が進み、これまでであれば見過ごされたかもしれないケースが対応されるようになった表れであるとも考えられます。なお、児童虐待防止法第 6 条では、**虐待（のおそれ）に気づいた者は、速やかに相談・通告しなければならない**と定められています。

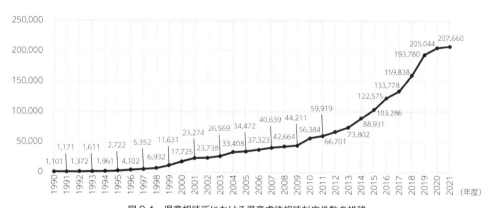

図 9-1　児童相談所における児童虐待相談対応件数の推移
（厚生労働省集計「令和 3 年度の児童相談所での児童虐待相談対応件数」）

■ 図 9-2 のように、児童相談所で対応する虐待相談は、近年、心理的虐待の割合が高い傾向にあります。この理由として、面前 DV 等に関する警察等からの通告の増加があげられ、それが相談対応件数の増加の背景にもなっています。また、虐待者は実母が多く、次いで実父となっています。そして、通告の経路は、かつては「近隣・知人」によるものがもっとも多かったのですが、近年では警察等の割合が約 5 割を占めています。学校を経路とする通告は全体の 7.2%（2021 年度は約 15,000 件）で、近年は同様の割合で推移しています。

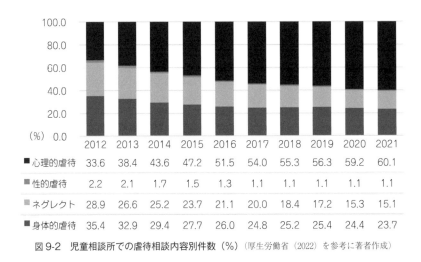

(%)	2012	2013	2014	2015	2016	2017	2018	2019	2020	2021
■ 心理的虐待	33.6	38.4	43.6	47.2	51.5	54.0	55.3	56.3	59.2	60.1
■ 性的虐待	2.2	2.1	1.7	1.5	1.3	1.1	1.1	1.1	1.1	1.1
■ ネグレクト	28.9	26.6	25.2	23.7	21.1	20.0	18.4	17.2	15.3	15.1
■ 身体的虐待	35.4	32.9	29.4	27.7	26.0	24.8	25.2	25.4	24.4	23.7

図9-2　児童相談所での虐待相談内容別件数（%）（厚生労働省（2022）を参考に著者作成）

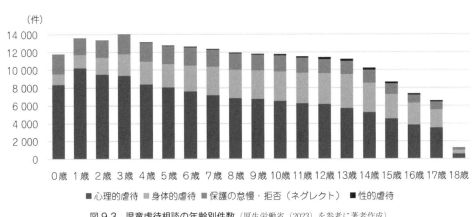

図9-3　児童虐待相談の年齢別件数（厚生労働省（2023）を参考に著者作成）

虐待が子どもに及ぼす影響

■　虐待による影響は、虐待を受けていた期間とその態様、子どもの年齢や性格等によりさまざまですが、身体的影響、知的発達面への影響、心理的影響などにおいていくつかの共通した特徴がみられます（表9-2）。

■　生徒指導・教育相談上の課題としてみられる児童虐待の影響には、窃盗や激しい暴力、家出、いじめ加害のくり返し、薬物等への依存、自傷行為や摂食障害、自殺企図などがあります。それらの症状は小学校段階からみられることもあり、思春期に増悪しやすく、加えて何度指導や治療をしても改善が難しいのも特徴です（「重要資料」9-2）。逆にいえば、非行や自傷行為、いじめ問題の背後には当該児童生徒が虐待を受けている可能性も考えられます。学校・教職員は、その可能性も念頭において生徒指導を行うことが必要です。

表9-2　虐待が子どもに及ぼす影響（厚生労働省（2013）・文部科学省（2022）を参考に著者作成）

①身体的影響	②知的発達面への影響	③心理的影響
外傷のほか、栄養障害、体重増加不良、低身長など。愛情不足により成長ホルモンが抑えられた結果、成長不全になることも。重篤な場合には死に至ったり重い障害が残る危険がある	安心できない環境で生活することや通学がままならない場合、もとの能力に比べて知的発達が十分得られないことも。養育者が知的発達に必要なやりとりを行わなかったり、逆に年齢にそぐわない過大な要求をした結果、発達が阻害される	他人を信頼し愛着関係を形成することが困難になるなど対人関係上の問題や、低い自己評価、攻撃的・衝動的行動など行動制御の問題、多動、心的外傷後ストレス障害（PTSD）、解離などの精神的症状が表れることがある

（田中　理絵）

● ●

おさえてほしい「重要資料」

9-1 「生徒指導提要（改訂版）」文部科学省（2022）第7章

9-2 「学校・教育 委員会等向け虐待対応の手引き（改訂）」文部科学省（2020）

9-3 厚生労働省「全国児童福祉主管課長・児童相談所長会議資料」（毎年公表）

● ●

第2節 | **虐待における校内外の連携**

✓ 教職員は、チームとして対応する
✓ 情報共有のための協議のもち方、伝達方法等を日頃から検討
✓ 教育相談では、先入観をできるだけ排除してあらゆる可能性を想像する

学校内連携の方法

■ 虐待に対する学校の役割は今後ますます重要になります。そのため、教職員は虐待防止に関する研修教材等を活用して、児童虐待に関する正確な知識と適切な対応方法を理解しておく必要があります。また、速やかな通告義務があるため、SC や SSW の専門知識を活かしながら、通告や他機関との連携に向けた校内体制を平素から整えておくことも大切です。虐待は、いじめや不登校等の問題と同様に担任ひとりで対応できる問題ではあり

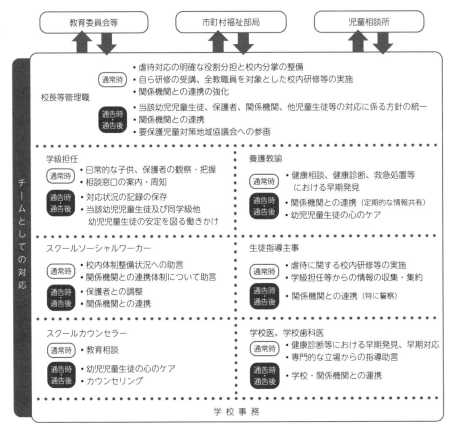

図9-4 虐待対応における校内役割（文部科学省（2020）を参考に著者作成）

ません。**チームとして対応する**ことが基本です。図 9-4 のように、担任、SSW、SC、養護教諭、管理職、学校医などそれぞれが役割を果たしながら、学校全体で対応にあたります。

■ とくに児童虐待は、虐待を疑う根拠となる本人など関係者の発言内容や事実の経過、ケガのスケッチ、家庭状況や欠席状況等の具体的な記録が子どもの処遇の判断材料となることから、正確な記録が必要です。また、個人情報が漏洩しないよう、保管体制も明確にしておきましょう。なお、保護者に対して、①虐待の通告をしたことや児童相談所等との連絡内容等を漏らさず、②学校で作成・取得した記録の開示請求があっても、子どもの生命・身体に危険が及ぶおそれがある場合は不開示とすることもできます。

■ そのほか、①保護者や地域の人に向けた児童虐待防止のための啓蒙活動、②教職員の研修の実施、③子どもや保護者へ悩みや不安を受け止める相談窓口があることを日常的に周知することが求められます。子どもや保護者が早い段階から SOS を出すことができれば、未然防止、早期発見・早期対応につながるからです。

学校外連携の方法

■ 在宅援助の場合は、原則として「要保護児童対策地域協議会」（**要対協**）という市町村等のネットワークを活用した、医療、教育、福祉、司法等の**多機関連携**による**チーム支援**が行われることになります。

■ 多機関で連携するには個人情報や守秘義務が課題となりますが、児童福祉法により、要対協において資料・情報の提供、説明等を行う場合は守秘義務違反に当たりません。また、要対協のメンバーには守秘義務が課されているため、情報・事実が保護者をはじめ対外的に伝わるおそれはありません。

■ 児童虐待へ対応するにあたって、異なる学校種や保育所、児童相談所、市町村、病院、警察、時には少年院や自立支援施設等とも連携を図る必要が生じます。問題が起きてはじめて相手の機関について知るのでは対応が後手に回ることもあるでしょう。日頃から互いの役割や、それぞれの機関の特徴（できることとできないこと）、どういう専門性をもつ人がいるのかなどを知っておくと素早い対応・連携がとれます。

（田中　理絵）

おさえてほしい「重要資料」
9-4「学校・教育 委員会等向け虐待対応の手引き（改訂）」文部科学省（2020）
9-5「児童虐待防止対策に係る学校等及びその設置者と市町村・児童相談所との連携の強化について」（2019 年 2 月 28 日初等中等教育局長等通知）
9-6「生徒指導提要」文部科学省（2022）第 7 章

第3節 | 虐待の予防と対応

✓ 確証がなくても通告すること、誤りであったとしても責任は問われない
✓ 虐待の有無を判断したり、保護者を指導するのは児童相談所等の専門機関
✓ 保護者との関係よりも子どもの安全を優先

学校の利点

■ 児童虐待防止法第5条では、学校の教職員、児童福祉施設の職員、医師や警察官等は「児童虐待を**発見しやすい立場**にあることを自覚し、児童虐待の**早期発見**に努めなければならない」とあります。なかでも、児童生徒と同じ場で生活し、子どもの成績や性格、健康状態、家族に関する情報等を得て豊富な子ども理解ができるのは学校の教職員でしょう。教職員は、日々児童生徒と関わりながら観察できる立場にあることから、児童生徒の**異変やサイン**をとらえ、**深刻な事態になる前**に対応できるのです。

■ また、教職員は「今の子どもの状態」だけをみて判断するのではなく、子どもを取り巻く環境や、子どもの能力、性格などからその子どもの発達過程上の見通し（**発達的視点**）をもって子どもをみることができます。

■ さらに、学校には担任だけでなく、教育相談や生徒指導の先生、養護教諭、スクールカウンセラー（SC）、スクールソーシャルワーカー（SSW）など立場の異なる教職員がいます。校長・教頭は管理職としての指導・支援ができますし、授業担当教員、部活動の顧問も児童生徒との関わりのなかで、担任とは異なる情報を収集することができるのです。このように、学校は異なる立場・視点をもつ多くの教職員が日常的に一人ひとりの児童生徒と関わる場であるという有利な特徴をもちます。

学校に求められる役割 （「重要資料」9-4を必ず確認しましょう）

■ 児童虐待防止法における学校の主な役割は、①虐待の早期発見に努めること（努力義務）、②虐待を受けたと思われる子どもについて市町村の虐待対応担当課（児童福祉課など）や児童相談所等へ通告すること（義務）、③虐待の予防・防止や虐待を受けた子どもの保護・自立支援に関し、関係機関への協力を行うこと（努力義務）、④虐待防止のための子ども等への教育に努めること（努力義務）です。このほか、⑤児童相談所や市町村から虐待に関わる資料や情報の提供を求められた場合には、必要な範囲で提供することができます。

■ 実際に虐待があったかどうかの調査・確認や、解決に向けた対応方針の検討、保護者に対する指導・相談・支援を行うのは権限と専門性を有する児童相談所や市町村です。ですので、虐待の確証が得られるまで待ったりせず、「おかしいな」と思ったらただちに管

理職に相談・報告してください。ひとりで判断ができない場合は、同僚教員やSC、SSW
にも児童生徒の様子を観察してもらうとよいでしょう。

● 児童虐待の兆候：どういう時に虐待を疑うのか？

■　このように、学校・教職員には、子どもの異変やサインを見逃さない心構えが必要で
あり、そのためには虐待を受けた子どもが示す特徴を理解しておくことが大切です。具体
的には、表9-3のような、子ども・保護者・状況に関する違和感等は重要なサインとなり
ます。

表9-3　虐待のサイン（例）（文部科学省（2020）を参考に著者作成）

子どもについて の異変・違和感	表情が乏しい、接触をひどく嫌がる、乱暴な言葉遣い、極端に無口、大人への反抗的態度、顔色を窺う態度、落ち着かない態度、教室からの立ち歩き、家へ帰りたがらない、逸脱した性的言動、集中困難な様子、持続的な疲労感・無力感、異常な食行動、衣服が汚れている、過度なスキンシップを求める　など
保護者について の異変・違和感	感情や態度が変化しやすい、イライラしている、余裕がないように見える、表情が硬い、話しかけてものってこない、子どもへの近づき方・距離感が不自然、連絡が取りにくい、人前で子どもを厳しく叱る・叩く、行事に参加しない、家庭訪問・懇談などのキャンセルが多い、家の様子が見えない　など
状況に関する異 変・違和感	説明できない不自然なケガ、繰り返すケガ、体育や身体計測の時によく欠席する、低身長・低体重、体重減少、親子でいるときに親を窺うような態度、親がいなくなると急に表情が晴れやかになる、子どもの具合が悪くなったなどで保護者に連絡しても緊急性を感じない様子、その家庭に対する近隣からの苦情や悪い噂が多い　など

■　ただし、児童虐待に関しては、児童生徒本人や関係者に対して教職員が詳細を聴取す
ることは原則避けるべきと考えられています。その理由として、第一に、子どもに根掘り
葉掘り尋ねることで虐待の辛い記憶を思い出させ、それが再び子どもを傷つけ、回復の妨
げになる危険があること、第二に、裁判などで教職員による聴取方法が問題になる場合が
あるためです。子どもにとって影響力のある教職員が質問することは不適切であるとされ
たり、質問内容が誘導的だと法的に問題になることが考えられます。このような危険を避
けるため、たとえば「その傷はどうしたの」と聞く程度にとどめ、専門的に調査・判断が
できる機関（児童相談所や警察等）へ通告する必要があります。

■　そして「あの家庭に限って虐待など起きない」といった**勝手な判断をしない**ことも大事
です。また、保護者との関係悪化や「通報して誤っていたらどうしよう」と不安になりが
ちですが、虐待については「何よりも子どもの安全が優先」と考えて動くことが大切です
（子どもの時に教員など周囲の大人が虐待に気づきながら対応してくれなかった場合、子どもは傷つき、
大人になってからも「助けてもらえなかった」という思いをもち続けている人もいます。教員は何よりも
子どもを優先してください）。

通告までの対応

■　虐待の通告は守秘義務違反には当たらず（児童虐待防止法第6条）、通告もとも明かされないため、ためらう必要はありません。その際、事実概要のほか、安全の緊急性や危険性、これまで相談・通行した機関と対応状況などを明確に伝達します。実際に、学校で虐待（のおそれ）を発見し、児童相談所や市町村、警察に通告するまでには図9-5のような流れとなります。

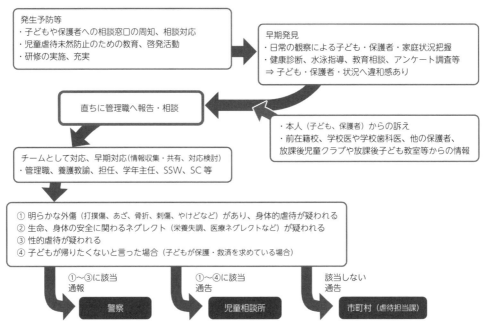

図9-5　学校における虐待対応の流れ：通告・通報まで（文部科学省（2020）を参考に著者作成）

通告後の対応

■　通告受理後、児童相談所等は緊急時は半日以内、通常は**48時間以内**に子どもの**安全確認**を実施します。虐待通告後も学校の役割は重要です。平成29年度の厚生労働省の報告では、児童生徒が自宅にとどまりながら、見守りや助言、指導を受ける「面接指導」が89.7%、児童養護施設等の施設入所が2.9%、里親等委託が0.4%、その他が6.9%でした（総数135,152件）。つまり、約9割のケースで子どもは自宅にとどまったまま援助を受けつつ、そのまま学校に通ってくるのです。したがって、学校は「通告したらバトンタッチ」とは考えず、学校や児童相談所、病院、警察などの機関がそれぞれ子どもに関わり続ける「のりしろの連携」を心がけ、継続して子どもの安全を見守る責任があります。

虐待を受けた子どもへの対応

■ 虐待を受けた子どもは、大人への不信感や恐怖心を抱いていたり自己肯定感が低いことも多く、何よりも安心して学校生活を送れるように環境を整え、手助けする必要があります。具体的には、たとえば以下のような姿勢が教職員には求められます。

①学校は安全な場所だと認識させる。口で言うだけではダメで、本気で子どもが安心感・安全感が感じられる受容的な学校・教室づくりに努める。

②不安等の感情を、周囲に許容される方法で表現させる「表現モデル」を示す。

③ルールの明示によって子どもの生活の見通しを助ける。適切な社会的スキルの獲得を支援する。望ましい行動と望ましくない行動を根気よく教える。

④自己の存在価値や他者は信頼してよいのだと気づかせるなど、自己イメージと他者イメージを回復させる。進路指導等でどんな自分になりたいかをイメージさせるなど、変化した自分の確認を手伝い、認め、励ましていく。

■ いじめ等の問題へ対応する時と同様に、「この子（家）は大丈夫」という先入観を排除して、あらゆる可能性を想像し予防に努めるためにも、子どもの普段の様子の観察、適切な情報の収集・共有を行い、学校内外の協議のもち方、伝達方法なども平素から検討しておくことでいっそうの連携強化を図ることができるのです。

（田中　理絵）

おさえてほしい「重要資料」

9-7「児童虐待防止対策に係る学校等及びその設置者と市町村・児童相談所との連携の強化について」（2019 年 2 月 28 日初等中等教育局長等通知）

子どもと先生を幸せにする「おすすめ書籍」

『あなたが守るあなたの心・あなたのからだ』森田ゆり（作）、平野恵理子（絵）(2019) 童話館出版

『魂の殺人―親は子どもに何をしたか―』アリス・ミラー (2013) 新曜社

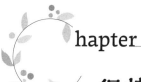

Chapter 10

保護者との関わり

 第1節 保護者理解

- ✓ 現代の家族は多様である
- ✓ 保護者は不安を抱えながら、一生懸命に子育てをしている
- ✓ 教員は保護者の不安や後悔する気持ちを理解する

現代の家族：さまざまな家族のあり方

■ 現在少子化に歯止めがかかる兆しはなく、平成28年度以降、出生数は毎年減少し、令和3年は過去最低の811,604人でした。2011年以降、第1子出生時の母親の平均年齢は30歳を超えています。2021年11月時点推計で、母子家庭が1,195,000世帯、父子家庭が149,000世帯でした（厚生労働省，2022a）。死別や離別のほか、未婚で子どもを出産する場合もあります。全婚姻件数に占める再婚件数は、令和3年時点で夫は19.1%、妻は16.6%であり、子どもたちが親の離婚や再婚を経験することも決して珍しくありません（厚生労働省，2022b）。18歳未満の子どもがいる世帯の母親の就労も75.9%となり、4人に3人の母親は就労していることになります。また、図10-1のように、子どもが0歳の時から母親が働くことも珍

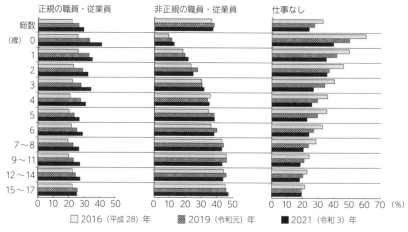

注：1）2016（平成28）年の数値は、熊本県を除いたものである
　　2）母の「仕事の有無不詳」を含まない総数に対する割合である。

図10-1　末子の年齢階級別にみた母の仕事の状況の年次推移（厚生労働省，2022c）

しくありません。

現代の親と子育て

■ 現代は少子化・核家族化・地域関係の希薄化から、自分の子どもが生まれるまで、子どもに関わったことがない人も少なくありません。そのようななか、ほとんどの親は、一生懸命試行錯誤しながら子育てを行っています。一方で、一生懸命子育てをしていても、自分の子育てに不安を感じる親も少なくはありません。また子どもに問題が起こると、親以外の他者が「親の育て方が悪い」と決めつけることがあります。しかし、それぞれの子どもには生まれもった気質があり、親が同じように育てても、きょうだいであっても違った育ち方をします。また、子どもは親だけでなく、教員を含め、さまざまな他者から影響を受けつつ、その子どもなりにさまざまなことを感じたり、考えたりしながら育ちます。親の育て方だけで子どもの性格や行動が決まってしまうほど、人の育ちは単純ではありません。

不安と後悔

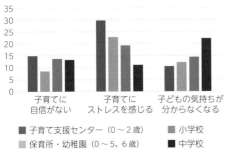

図 10-2　子育てへの意識 (春日, 2010)

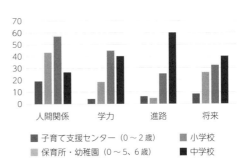

図 10-3　子どもに関して気になること (春日, 2010)

■ 2つのグラフは、筆者が行った子育て中の親への調査（「はい」「いいえ」の2件法）です。このように、子どもが何歳であっても、親はその時々で、なんらかの子育ての不安や気がかりがあっても不思議ではありません。子育ては欠点を見つけようと思えばいくらでも見つけることができます。1つも欠点のない子育てなどありません。筆者はこれまで、子どものことで相談に来られる保護者にカウンセリングを行ってきましたが、どんなに一生懸命子育てをされてきた方でも、子育てへの後悔を話されることがありました。親は子どもに問題が起こると「自分が悪かったのではないか」と心のなかでは自分を責めているかもしれません。教員は、まずはその辛い気持ちに寄り添う必要があります。（春日　由美）

子どもと先生を幸せにする「おすすめ書籍」
『期待とあきらめの心理─親と子の関係をめぐる教育臨床─』内田利広（2014）創元社

第2節 ｜ 信頼関係を作る保護者との関わり

✓ 保護者との「信頼関係」を土台に、「子どものこと」を共に考える
✓ 「もし自分が本当にこの保護者だったら」と保護者の視点から一生懸命に想像する

「信頼関係」を土台に、「子ども中心」に対応を考える

図 10-4　保護者との関わり

■ 保護者との関わりでは、保護者を支えることにつながる「信頼関係」が土台となります。その上で、「子どもを中心に対応を考える」ことが必要です。

保護者の視点で想像する

■ 保護者と関わる際に重要なのは、「保護者の視点で想像する」ことです。「こうすれば必ずうまくいく」というマニュアルはありません。第2章の共感的理解のように、徹底的に「もし、自分が本当にこの保護者だったら」と想像します。「こういう家庭状況で、子どもが今こういう状態で、これまでこういうことがあって…」など、保護者を取り巻く状況も考えながら、もし、自分がこの保護者だったら、子どもがこういう状態だったら、どんな気持ちになるだろうと、できるかぎり保護者の気持ちを想像します。そうすることで、保護者と会った時に、自然と相手に寄り添った態度や言葉づかいになり、保護者からの信頼も得やすくなります。

日頃の工夫

■ 問題が起こった際、それまでに保護者と教員の関係が築けていないと、お互い相手をよく知らないままコミュニケーションをとることになります。問題が起こったというストレス状況では齟齬が生じやすく、不信感につながりやすくなります。問題が起こっていない時や起こる前といった**お互いが落ち着いている時**に会うことが大切です。とくにこれまでに課題を抱えたことがあった児童生徒や、配慮を要する児童生徒の場合、保護者は「今年度は大丈夫だろうか」と不安でいっぱいです。学期のはじめに直接保護者と会い、保護者のこれまでの頑張りを労い、お互い協力していくことを確認します。事前にお互いに知り合うことで、問題が起こった時の摩擦を減らします。

■ 日常でもっとも教員が気をつけるべき点は、保護者からの相談や指摘について検討や対応をした後、保護者に**必ず報告**をすることです。教員が学校内で検討や対応をしても、保護者に報告しなければ、保護者はその後どうなったか分からず、放っておかれた気持ちになり、不信感が募ります。そのつど報告しなくても保護者は黙っているかもしれませ

ん。しかしそれが積み重なって、大きな不信感を生み、トラブルに発展します。

電話の注意点

■ 電話では大事な話は控えましょう。こちらからの電話は、日程調整や少し児童生徒の様子を聞くくらいにとどめておきましょう。保護者から長い電話がかかってくる場合は、1時間程度しっかり聴き、反論はしません。人は1時間くらいしっかり話を聴いてもらうと、気持ちが落ち着きます。認識のずれや対応を検討する必要がある場合は、「とても大切なお話なので、直接お会いしてお聴きしたい」と面談を設定します。電話で説明・解決はできないと思ってください。

面談の工夫

①**自分よりまず相手を尊重**：どんなに正しい話でも、信頼関係ができていないと、何を言っても伝わりません。それどころか、「一方的に自分の意見を押しつける先生」として保護者は心を閉ざし、二度と来てくれないかもしれません。面談では、すぐにこちらが言いたいことを話すのでなく、保護者の気持ちを想像しながら保護者が話すのを待ったり、「ご心配なことと思います」「何の話だろうと不安に思われたかもしれません」など言葉をかけたりする場合もあります。1回の面談ですべて済まそうと思わず、初回は信頼関係づくりができれば十分です。信頼関係ができれば、次回の面談につながります。

②**保護者も一人の人間でさまざまな思いがある**：教員からお子さんのことでお話ししたいので学校に来てほしいと言われると、保護者は学校に行くまでの毎日、面談日に学校に行くまで、面談中、帰る途中、帰ってからと、さまざまなことを考えています。それらをできるだけ想像しながら面談当日に保護者と会うことで、保護者に寄り添った態度につながります。「保護者」という人間がいるのでなく、保護者も「○○さん」という一人の人間です。子どものことで不安や後悔でいっぱいかもしれません。保護者を労い、気持ちを想像し、時間の都合もつけて来てくれたことに感謝します。

③**できるだけ低姿勢で話す**：教員は対等に保護者と話しているつもりでも、「先生」と名のつく立場の人と話す時、保護者は上から話されたように感じます。教員ができるだけ低姿勢で話すことで、保護者は「対等に話してもらえた」と感じます。

④**教員は事実を話し、保護者の気持ちを受け止める**：児童生徒への関わりは、教員にとっては仕事であり、保護者にとってはプライベートです。教員は自分の思い込みや偏見でなく、事実を丁寧に伝えます。保護者に対してはまず気持ちを受け止めます。

⑤**対応は「子ども中心」**：対応については、保護者と教員で共に、児童生徒の視点になり、知恵を出し合って一緒に考えます。教員が自分の立場や価値観でなく、わが子のことを大切に考えていることが伝わると、保護者は安心し、無用なトラブルを防ぎます。

（春日　由美）

第3節 保護者との関わりの基本

- ✓ 保護者の味方になる
- ✓ 社会人・教員としての当たり前の態度

保護者の味方になる

■ 「保護者を味方にする」などの言葉も見受けられますが、まずは教員が子どもと保護者の味方であることが重要です。また、子どもや保護者から信頼されることも大切ですが、その前に教員が子どもや保護者を信頼することが大切です。

①**保護者を悪者にしない**：保護者を悪者にして、教員が安心しないようにしましょう。子どもに問題が起こると、教員は一番身近な保護者のせいにしたくなるかもしれません。しかし、それは何の解決にもならないばかりか、保護者は教員の考えを敏感に感じ取り、教員に心を開かなくなるでしょう。

②**一人の人として尊重する**：保護者は妊娠・出産・乳幼児期とこれまで多くの不安と喜びと共に子どもを育ててきました。教員には、その保護者の子育てが十分でないように見えたり、もっとこうすればいいのにと思ったりするかもしれません。しかし、その人ができるやり方で一生懸命子どもを育てています。問題を抱えがちな子どもであれば、なおさら保護者はこれまで苦労しています。「もっとこうしてください」でなく、まずは保護者の苦労を想像し、「一生懸命に育ててこられたんですよね」と労いましょう。

③**不安を理解する**：教員自身に落ち度がなくても保護者から激しく非難されると、教員の心も傷つき、「自分が悪いのかもしれない」と落ち込んでいきます。保護者の不安が強い場合、不安を直接表現することは難しいので、非難として表現されることがあります。本当に自分に落ち度がない場合は、「この保護者は今、誰かを非難しないといられないほど、不安で仕方ないのかもしれない。誰かに助けてほしいというサインかもしれない」と保護者の不安に思いを馳せます。

教員としての当たり前の態度

■ 保護者から教員や学校への信頼について、大阪府教育委員会（2007）の調査では、小・中学校ともに「信頼している」「ほぼ信頼している」を合わせると8割を超えることが報告されており、保護者と教員の信頼関係形成は決して困難ではないといえます。春日・三原（2022）の研究では、保護者が信頼できる教員の側面として、①**子どもへの関わり**（子どもの良いところを見つけようとしてくれる、子どもの言い分をしっかり聞いてくれる等）、②**態度**（誠実に公平に関わる、親身になってくれる、常識がある、気持ちの良い挨拶等）、③**指導力や問題対応力**等

（問題が生じた際に素早く一生懸命対応してくれる、必ず報告など結果の連絡がある等）がありました。保護者との信頼関係を築くためには何か特別なことをするのではなく、子どもを大切にし、子どもや保護者に誠実に関わり、問題が生じた際には教員としての当たり前の対応をするといった、教員として、社会人としての基本を当たり前に行うことが必要と言えます。

■ 保護者との関わりでとくに注意すべき点は、①**気持ちは理解するが距離を縮めすぎない**、②**行動としてできないことは明確に伝えて代替案を示す**、③**子育ての指導をしない**、ということがあります。①については、保護者は友だちではありません。また特定の保護者と距離を縮めることは、他の保護者が疎外感を感じます。②については、子どもへの関わりと同様、気持ちはできるだけ共感しますが、行動としてできないことはできないということを伝えないと、余計な期待をさせてしまいます。「こういうことならできると思います」と代替案を示したり、学校と家庭それぞれでできることを保護者と共に考えます。③については、教員は教育の専門家ですが、親子関係の専門家ではありません。学校教育と親子関係は異なります。

■ 保護者には難しく、教員だからこそできることがあります。それは、①**学校での子どもの頑張りを保護者に伝える**、②**保護者の頑張りを伝える**、ことです。保護者には学校での子どもの様子は分からず、また自分の頑張りも気づきにくいものです。ほんの少しの子どもの良い変化や保護者の良い関わりを言葉で伝えることで、信頼関係につながります。

障害がある子の保護者

■ 子どもに障害がある場合、保護者はその子の将来や、自分が亡くなった後のことを思い、一見他の保護者と変わりなく見えたり、とても前向きに見えたりしても、教員には想像ができないくらい大きな不安を抱えている可能性があります。そして、保護者が子どもについての心配や不安を話す時、教員からは神経質に感じられるかもしれません。しかしそれほど不安でたまらないのかもしれないと理解してください。今、大きな問題が起こっていなくても、保護者は不安です。障害の程度は関係ありません。障害がある子や個別の教育支援計画がある子の保護者とは、定期的に会いましょう。

（春日　由美）

> 子どもと先生を幸せにする「おすすめ書籍」
> 『児童心理6月号臨時増刊 保護者面談・親面接を深める』深谷和子編（2013）金子書房
> 『子どもの障害をどう受容するか―家族支援と援助者の役割―』中田洋二郎（2002）大月書店

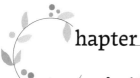

Chapter

11

危機場面での対応

✓ いつ・どこで危機が生じてもおかしくない
✓ 教職員がリスクマネジメント（危機の理解、マニュアル整備、実践的研修）を行う
✓ 子どもたちへのリスクマネジメント（日常の観察、未然防止教育等）を行う

学校における危機 （「重要資料」11-1 を必ず確認しましょう）

■ 学校事件・事故や災害のほか、通常の課題解決方法では解決することが困難で、学校運営に支障をきたす事態が**学校危機**です。介入には、事件・事故を回避し、災害の影響を緩和する**リスクマネジメント**と、事件・事故、災害発生直後に被害を最小化し、早期回復へ取り組む**クライシスマネジメント**があります（文部科学省, 2022）。

表 11-1　児童生徒や学校の危機の例

学校内外での危機
・児童生徒の危機（交通事故、水難事故、けが、病気、犯罪被害、死亡、虐待、貧困問題）
・児童生徒の問題行動（自殺や自殺未遂、家出、飲酒喫煙、薬物、性的逸脱、犯罪行為）
・対児童生徒間や対教員の問題（いじめ、暴力）
・学習活動等での事故（運動中や実習中の事故、修学旅行や校外学習での事故）
・健康（感染症、食中毒、熱中症）
学校や教職員の危機や信頼を失う事態
・校内での事件（不審者侵入、盗難、校舎破損、犯罪予告）
・教職員個人の危機（病気、休職、事故、死亡）
・教員の不祥事（体罰、わいせつ、人権侵害、個人情報漏洩、飲酒運転）
地域や家庭での危機
・災害（地震、豪雨、台風、竜巻など自然災害、火災）
・家族の危機（病気、事故、犯罪被害、死亡、DV、貧困問題）

リスクマネジメントとクライシスマネジメント （「重要資料」11-2、3、4、7、8 を確認しましょう）

■ リスクマネジメントは、事件・事故の発生を未然に防止し、災害の影響を回避、緩和する取り組みです。①**危機管理マニュアル**の整備、②危機対応の**実践的研修**、③日常の観察や**未然防止教育**等の実施等、危機管理体制を整える必要があります。勤務する学校の危機管理マニュアルを確認しましょう。

■ 「重要資料」11-2、11-3 を見てください。子どもたちを学校における危機から守る、危機直後から子どもたちを支えるのは教員の役目です。危機対応の校内での実践的研修を通し

て、①危機管理マニュアルを用いたシミュレーションを行い、実際に動けるようにする、②事件・事故、災害発生後の子どもに起こりうる反応や対応を理解する必要があります。

■ 日常の取り組みは重要です。教員はいじめアンケートなども活用し、児童生徒の心身の健康に敏感になり、教員間で気になることを共有します。児童生徒自身が危機

危機発生

校長のリーダーシップの下
・事実確認、情報共有、対応方針の検討
　（教育委員会や臨床心理士等との協議を含む）
・全教職員での状況共有
・全教職員への心理教育
　（子どものストレス反応と対応の確認）

→ 全教職員が情報共有と共通理解をする　全教職員の協力・協調が基本

児童生徒・保護者への支援
・児童生徒や保護者への集会等での説明
・関係の深いクラスや児童生徒への心理教育
・心の健康調査や個別のカウンセリング

→ 日頃から児童生徒と話しやすい関係を作ることが最大のリスクマネジメントになる

関係者での情報共有と対応の検討
・教職員間での児童生徒の情報共有と対応検討
　（スクールカウンセラーとの共有含む）

中長期の支援
・児童生徒への支援（スクールカウンセラー等と検討）
・教職員が心理的不調に陥らないよう互いに気遣う

→ 全教職員がお互いの心身の調子を気づかう

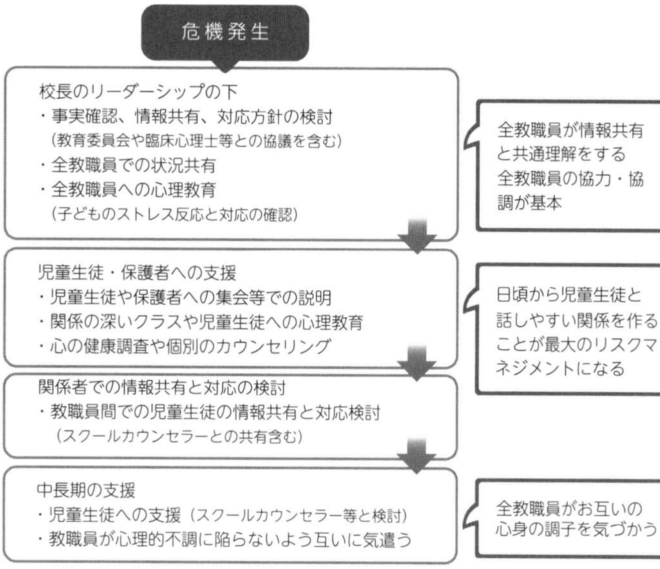

図11-1　初期介入と中長期の支援

に気づいて回避し、被害に遭わないようにするための**安全教育**や**防災減災教育**、スクールカウンセラーとの協働による**ストレスマネジメント**や**SOSの出し方**などの**心理教育**も有効です。

■ **子どもの自殺予防**のためには、一番身近な保護者や友人、教員の気づきが大切です。また、子ども自身が助けを求める力を身につけることが重要です。「重要資料」11-4を必ず確認し、日頃から子どもたちに以下の①②を伝えましょう。また、自殺予防のための相談機関等の情報も伝えましょう。

①ひどく落ち込んだ時には、必ず身近な人に話す・相談する

②友だちに「死にたい」と打ち明けられたら、必ず信頼できる大人につなぐ

■ **クライシスマネジメント**とは、危機が起こった際、学校運営と心のケアに関する迅速・適切な対応を行い、被害を最小限にとどめる取り組みです。①初期段階の対応と早期介入、②中・長期の支援、③再発防止への取り組みを行います（「重要資料」11-8）　　　（國廣淳子・春日由美）

● ●

　　おさえてほしい「重要資料」
11-1「生徒指導提要（改訂版）」文部科学省（2022）第3章3.5
11-2「別紙　附属池田小学校事件の概要」（国立大学法人大阪教育大学 HP）
　　https://osaka-kyoiku.ac.jp/university/emergency/safety/fuzoku_ikd/jikengaiyo.html
11-3 大阪教育大学附属池田小学校　不審者対応訓練（R01）
　　https://www.youtube.com/watch?v=qNV2XyKn5jc
11-4「教師が知っておきたい子どもの自殺予防」文部科学省（2009）
11-5「文部科学省×学校安全」文部科学省　https://anzenkyouiku.mext.go.jp/
11-6「静岡大学教育学部小林朋子研究室公開資料」http://tomokoba.mt-100.com/?p=65
11-7「子どもの心のケアのために―災害や事件・事故発生時を中心に―」文部科学省（2010）
11-8「生徒指導提要（改訂版）」文部科学省（2022）第3章3.5

● ●

第2節 危機場面における反応と対応

> ✓ 危機場面での子どもの反応を知る
> ✓ 危機場面での反応や、危機からの回復には個人差がある
> ✓ 校長のリーダーシップの下、教職員同士が協力し、子どもの安心安全を守る

起こりうる反応 （「重要資料」11-7、8を必ず確認しましょう）

■ 強い恐怖や衝撃を受けた場合には、さまざまなストレス反応が現れることがあります。これらの反応は誰にでも起こり得ますが、子どもは**身体反応**も現れやすいです。また、反応には**個人差**があります。数日以内で反応は消失することが多いですが、急性ストレス障害や心的外傷性ストレス障害が現れることもあります（文部科学省, 2010）。また、子どもは周囲の雰囲気を感じとって明るくふるまったり、我慢したりしているかもしれません。**安易に大丈夫と決めつけず、しっかり見守ってください。**

■ **急性ストレス障害**（Acute Stress Disorder：ASD）とは、以下のような**「再体験」「回避」「覚せい亢進」**の症状が外傷的な出来事の後4週間以内に現れ、2日〜4週間以内で症状が持続するものです（「重要資料」11-7）。

■ **心的外傷後ストレス障害**（Post Traumatic Stress Disorder：PTSD）とは、外傷的出来事の後、1ヶ月以上経過後も「再体験」「回避」「覚せい亢進」の症状が続くものです。なお、これは外傷的な出来事の後、**数ヵ月から数年**経ってから出現することもあります。

■ 外傷的な体験は苦しい反応だけでなく、他者の大切さが身にしみて分かる、困難なこ

表11-2 **災害や事件・事故発生時における子どものストレス反応や行動の特徴**（文部科学省（2010）を参考に作成）

全ての年齢	幼児・小学校低学年	小学校高学年〜高校生
・情緒不安定 ・体調不良 ・睡眠障害 ・心理的退行現象	・身体症状（腹痛、嘔吐、食欲不振、頭痛） ・情緒不安定（興奮、混乱） ・行動上の異変（落ち着きがない、甘える） ・出来事を再現するような遊びをする ・恐怖を訴えず興奮や混乱を示す	・身体症状 ・元気がなく引きこもりがちになる ・ささいなことで驚く ・夜間何度も目が覚める

表11-3 **急性ストレス障害の症状**（文部科学省（2010）をもとに著者作成）

持続的な再体験	体験を連想させるものからの回避	感情や緊張が高まる覚せい亢進
・出来事をくり返し思い出し、悪夢を見る ・出来事が目の前で起きているかのような生々しい感覚がよみがえる	・出来事と関係する話題などを避ける ・出来事を思い出せないなど記憶や意識が障害される ・人や物事への関心が薄らぎ、周囲と疎遠になる	・よく眠れない、イライラする、怒りっぽくなる、落ち着かない、集中できない、極端な警戒心をもつ、ささいなことや小さな音で驚く

とに立ち向かう力がわくなど、建設的な変化（**心的外傷後成長**：Post Traumatic Growth）をもたらす場合もあると言われます（アメリカ国立子どもトラウマティックストレス・ネットワーク・アメリカ国立 PTSD センター，2006）。

危機対応の留意点

①直後には普段と変わりなく見えている子どもも、数ヵ月〜１年後に不適応になることがあります。直後に落ち着いていても安心だと考えないでください。

②子どもが話したがらない場合、無理に聞こうとしないでください。また子どもに絵や作文を強要しないでください。本人が話したい時にしっかり聴いてあげてください。

③以前から不安定な子や身近な人の喪失体験など、危機以前の子どもの状況を把握して対応します。

④家庭との連携が重要です。保護者が家庭で子どもの様子を見ていて心配な場合、遠慮なく学校に連絡してもらうようにします。

⑤いつもより元気そうだったり、笑顔を見せたりする反応も衝撃を回避する反応の可能性があります。安心しないで、気をつけておく必要があります。

（國廣淳子・春日由美）

● ●

おさえてほしい「重要資料」

11-9「全国精神保健福祉センター長会　HP 公開資料　（小学生、被災者向け、中高生保護者）
　　https://www.zmhwc.jp/news_kokoronocare.html
11-10『心的トラウマの理解とケア　第 2 版』金吉晴（2006）

● ●

第3節 自殺の危機における対応

✓ 年齢・性別ごとのリスク要因を念頭に置いて関わる
✓ 自殺に追いつめられる子どもの心理や関連要因を理解する
✓ 自殺の危険がある際の対応を知り、絶対に自殺から守る

子どもの自殺 （「重要資料」11-11 を必ず確認しましょう）

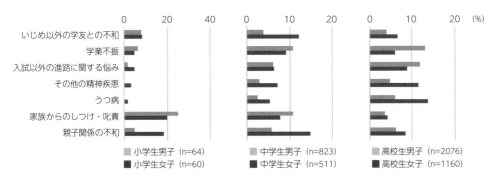

図 11-2　小中高学生の自殺の原因・動機 （厚生労働省（2022）を参考に著者作成。数値は％いずれかの属性で 10％以上の項目のみあげている。）

■ 自殺の背景を理解しましょう。とくに中高生はどの子にも**自殺の可能性はありうる**と考えてください。自殺直前まで友人や先生と話しているなど、元気に見える場合もあります。年齢や性別で原因や動機は異なります。普段から**学年・性別ごとのリスク**を念頭に、子どもや保護者と関わってください。とくに中学生・高校生男子の学業不振や進路に関する悩みは見落とされることがあるので、気をつけてください。

■ 以下は、自殺に追いつめられる子どもの心理（文部科学省，2009）です。これらは、**いじめや虐待**がある場合、容易に起こりうる状況です。子どもの命を守るため、自殺はいつ起こってもおかしくないと考え、感度を高めてください。

自殺に追いつめられる子どもの心理（文部科学省，2009）

・**ひどい孤立感**（誰も自分のことを助けてくれるはずがない、居場所がない）
・**無価値感**（私なんかいない方がいい、生きていても仕方がない　例：被虐待）
・**強い怒り**（自分の置かれている辛い状況を受け入れることができず、やり場のない気持ちを他者へ向けたり、自分に向けたりすることも）
・**苦しみが永遠に続く**という思いこみ
・**心理的視野狭窄**（自殺以外の方法が思い浮かばなくなる状態）

子どもの自殺の危機での対応 （「重要資料」11-11 を必ず確認しましょう）

■ 自殺は取り返しがつきません。大人は問題を軽くとらえたがる傾向があります。状況を重く見積もってください。心配しすぎで構いません。自殺直前のサインがみられたら、死にたい気持ちを話し合うことを避けないでください。子どもの身の安全を確保するため、自殺の危険がある場合は、必ず保護者に伝えてください。子どもとの信頼関係が壊れることや嫌われることを恐れないでください。**命を守ることが、何よりも優先**されます。自殺のおそれがある場合、TALK の原則に沿って、一人で抱え込まず必ずチームで対応します。

自殺直前のサイン（「重要資料」11-11 から抜粋）
　自殺のほのめかし、行動や身なりの突然の変化、けがをくり返す、大切にしていたものを人にあげる、成績が急に下がる、集中できなくなる、イライラが増して落ち着きがなくなる、投げやりな態度、自己管理がおろそかになる、友人との交流が減り引きこもりがちになる等

自殺の危険がある際の対応の留意点（「重要資料」11-11 を必ず確認しましょう。）
　①ひとりで抱え込まない
　②急に子どもとの関係を切らない（もともと抱え込みすぎないようにします。）
　③「秘密にしてほしい」への対応（子どもの気持ちを受け止めながら周囲と連携をとります。）
　④リストカットへの対応（自殺のサインの場合も。苦しい気持ちを共有します。）

TALK の原則（「重要資料」11-11 で必ず確認しましょう。）
　① Tell 言葉に出して心配していることを伝える
　　（例：「死にたいくらい辛いんだね。あなたのことが心配だ。」）
　② Ask 「死にたい」という気持ちについて、率直に、具体的に尋ねる
　　（どんな時に死にたいと思うか、これまで死のうとしたことはあるか、方法も考えているか等）
　③ Listen 絶望的な気持ちを傾聴する：行動は絶対に止めるが、気持ちはしっかり聴く
　④ Keep safe 安全を確保する：危険な場合、ひとりにせず、保護者につなぎ、教職員はチームで対応

（國廣淳子・春日由美）

・・・

　　　おさえてほしい「重要資料」

11-11「教師が知っておきたい子どもの自殺予防」文部科学省（2009）

11-12「学校における子供の心のケア サインを見逃さないために」文部科学省（2014）

11-13 国立大学法人大阪教育大学学校安全推進センター HP

　　http://nmsc.osaka-kyoiku.ac.jp/

・・・

hapter _____ 12

心理的不適応と
心理アセスメント

 ## 第1節 │ 児童期の心理的不適応

- ✓ 児童期特有の心理的不適応を理解する（場面緘黙、チック、トゥレット症候群）
- ✓ 大人にみられるうつ病、不安症を抱える児童もいることを理解する
- ✓ 児童期の心理的不適応に教員ができる対応を理解する

　児童期の子どもたちは、発達段階的に、まだ自分の気持ちの言語化がむずかしいこと、また経験が少ないために自分の不調に気づきにくいことから、さまざまな心理的不適応になることがあります。以下に児童期にみられる心理的不適応について説明し、学校でできる対応についてふれます。

場面緘黙 （「重要資料」12-1、2を読みましょう）

■　「精神障害の診断と統計の手引き（DSM）」の2013年改訂版（DSM-5）の診断基準によると場面緘黙は、「他の状況で話しているにもかかわらず、特定の社会的状況において、話すことが一貫してできない」状態であると定義されています。話せない場面はさまざまですが、発話パターンは一定しており、話せない場面は「場所」「（そこにいる）人」「活動内容」の3つの要素で決まります。

■　学校でできる対応：「自発的な発話ができない」という状態像のみに注目して、「自発的に話せるようになる」ことを目的とするのではなく、その背景にある「不安」を理解し、本人が学校で安心感をもてるように寄りそう援助が大切です。場面緘黙児が学校で困難なことは、発話に限りません。発話ばかりに注目せず、動作や非言語表出についても十分な支援が必要です。周囲の大人が、子どもができそうな選択肢を提案し、子ども自身が選んでチャレンジする方法を勧めることが大切です。合意的配慮として、たとえば、歌や音読を評価する時は、筆記や指さしでの実施、クラスメイトの注目が少ない立ち位置や複数人同時での実施、別室でのテスト、家庭での録音や録画利用なども検討してみてください。チャレンジしたい子どもの気持ちを大切に「楽しく・自信をつけながら・場数を踏む」ことが重要です。「日本場面緘黙研究会」（https://mutism.jp/about-sm/）や「かんもくネット」（https://www.kanmoku.org/）も参考にしてください。

チック、トゥレット症候群 （「重要資料」12-3 を確認しましょう）

■ チックとは、意図せずに思わず起こる素早い身体の動きや発声のことです。まばたきや首振りをするなどの運動チック、咳払いや鼻をすするなどの音声チックがあります。トゥレット症候群とは、複数の運動チックと1つ以上の音声チックが1年以上継続した小児期に発症する神経発達症（発達障害）です。

運動チック　　　　　　　　　　　　　音声チック

首振り　　　チックとは　　　　発声
　　　　自分の意志とは
まばたき　無関係に繰り返す　　　　咳払い
　　　　動きや声
　　体を叩く　　　反響言語　　　汚言症
びくつき　　　　　（人の言葉を繰り返す）（不謹慎な言葉）

図 12-1　トゥレット症・チック症 （トゥレット当事者会 HP を参考に作成）

　米国神経学会によると子どものトゥレット症有病率は 0.4%〜1.5% で、持続性チック症となると約2倍の 0.9%〜2.8% とされています。米国精神医学会によると子どものトゥレット症発症率は3〜8／1,000人とされ、トゥレット症と ADHD の併発率は 40〜50%、強迫症の併発率は 10〜50% といわれています。チック症状は統計からすると悪化や改善をくり返しながら 10〜12 歳頃をピークに成人期はじめ頃までに消失または軽快すると言われています。「トゥレット当事者会」（https://www.tourette.jp/）も参考にしてください。

■ **学校でできる対応**：チックはリラックスしている時にも出ますし、緊張している時にも出ます。まずはその子のパターンを周囲が理解することが大切です。そして、本人自身もパターンを理解できるように話し合っていけるとよいとされています。また、困ったところを減らそうとするよりも、その子の良い点に注目して、自信を育んでいくことで、チックが良くなることもあることが示唆されています。「東京大学医学部附属病院こころの発達診療部「チックやくせをよく知ってうまくつきあっていけるように」（http://kokoro.umin.jp/pdf/tic.pdf）も参考にしてください。

うつ病と不安症

■ **子どものうつ病**：厚生労働省の「子どものメンタルヘルス（https://www.mhlw.go.jp/kokoro/parent/mental/know/know_01.html）」によると、次の表のうち5つ以上（1か2を含む）が2週間以上続いていたら、専門家に相談することが勧められています。

1. 悲しく憂うつな気分が一日中続く	5. イライラする、怒りっぽくなる
2. これまで好きだったことに興味がわかない、何をしても楽しくない	6. 疲れやすく、何もやる気になれない
3. 食欲が減る、あるいは増す	7. 自分に価値がないように思える
	8. 集中力がなくなる、物事が決断できない
4. 眠れない、あるいは寝すぎる	9. 死にたい、消えてしまいたい、いなければよかったと思う

　うつ病の症状は、はじめのうち、心の不調ではなく体の不調や行動の問題として現れることがほとんどです。とくに思春期にはそうした傾向がより強いといわれています。食欲や睡眠に現れるだけでなく、だるい、生気がない、頭痛・めまい・吐き気といった体の症状や、ひきこもりやリストカット、暴力や攻撃的な行動などとして表現されることもあります。

■　**学校でできる対応**：不登校の子どもは、朝なかなか起きられず学校を休んでいるのに、午後からは具合が良さそうに見え、周囲からはサボっているだけに見えるかもしれません。しかしうつ病の症状は、朝の調子が一番悪く、午後から夕方にかけて改善してくることがよくあります。学校は、スクールカウンセラーや専門機関とも連携しながら、本人の体調が回復することを第一に対応することが大切です。

不 安 症

①**パニック症**：本人としては理由もなく突然激しい不安に襲われて、呼吸が苦しくなるといったパニック発作が起き、死んでしまうのではないかという恐怖を覚えます。このようなパニック発作がくり返される病気をパニック症と呼んでいます。1回生じると、また同じようなことが起きるのではないかという不安が強くなります。そのため、日常生活が送りにくくなり、学校にも行きづらくなります。

②**社会不安症**：人前で話すことや人が多くいる場所に行くことに強い苦痛を感じます。失敗や恥ずかしい思いがきっかけになることもありますが、思春期の頃は、自分づくりの一環で、他者と比較することが増えるため、自己評価が低くなったり、他者評価が気になったりすることから起きる場合も少なくありません。自分でも気にしすぎだとわかってはいますが、外出や人と会うことなどを回避してしまい、学校にも行きづらくなります。

③**強迫症**：代表的な症状に、「くり返し手を洗い続ける」「火の元や戸締りを何度も確認する」といったものがあります。自分でもやめたいのにやめられず、くり返し同じことをしないと落ち着かなくなります。場面が限られている場合もあり、自宅だけで起きている時は登校できるため、学校では気づかれないこともあります。しかし、くり返すことに時間がかかり、睡眠時間が短くなったり疲労が蓄積したりするため、徐々に日常生活に影響が出てきます。

■　**学校でできる対応**：嫌なことや悩みがある時、話を聴いてもらっただけで、問題が解決

していなくても、気が楽になったという経験は誰にでもあるでしょう。とくに心に不調を感じている時は、本人は不安や辛い気持ちでいっぱいなため、教員からいきなり「病院に行こう」と言われるより、不安や辛い気持ちを共有してもらう方が安心できます。担任として、心配な気持ちや早く治してあげたい、「～すべき」などの考えがあるのは当然ですが、それをちょっと脇に置いて、じっくりと子どもの気持ちに共感し、受け止めることが、子どもの不安な気持ちをやわらげ、辛さを乗り越えていく一歩になります。そして、子どもや保護者に問題を指摘するよりも、一緒に考えようという姿勢が大切です。必要に応じて、養護教諭やスクールカウンセラーなどの関係者と連携をとりながら、子どもにとってよりよいサポートは何かを慎重に考えていくことが求められます。

　厚生労働省の「こころもメンテしよう」(https://www.mhlw.go.jp/kokoro/parent/mental/index.html) も参考にしてください。

● ゲーム依存　（「重要資料」12-4 を読みましょう）

■ 昨今、保護者からの相談で多いのが、ゲームとのつき合い方です。ゲームを通して友だちができたり、気持ちを発散させたり、先を読む思考力がつくなどのメリットもありますが、日常生活に支障が出るデメリットもあります。ゲーム依存の医学病名は「ゲーム障害」と言い（表12-1）、専門的治療を行う医療機関もありますが、まだ多くはありません。子どもも自分でコントロールできなくなっている場合がありますので、頭ごなしに怒るのではなく、ゲームを

表 12-1　ゲーム障害の定義 (ICD-11)

臨床的特徴
・ゲームのコントロールができない ・ほかの生活上の関心ごとや日常の活動よりゲームを選ぶほど、ゲームを優先する ・問題が起きているのにもかかわらず、ゲームを続ける、またはより多くゲームをする
重症度：ゲーム行動により、個人の、家族の、社会における、学業上または職業上の機能が十分に果たせない
期間：上記 4 項目が、1 年以上続く場合に診断する。しかし、4 症状が存在し、しかも重症である場合には、それより短くとも診断可能

する時間などについて、保護者と子どもがしっかり話し合い、ルール設定を試行錯誤して作っていく姿が重要です。

（吉岡　和子）

　　　おさえてほしい「重要資料」

12-1「イラストでわかる子どもの場面緘黙サポートガイド―アセスメントと早期対応のための50 の指針―」金原洋治・高木潤野（2018）合同出版

12-2「場面緘黙のある方への支援について」高木潤野（2021）厚生労働省科学研究費補助金研究報告書　場面緘黙症の実態把握と支援のための調査研究．pp.57-65

12-3「チック症・トゥレット症」NCNP 病院国立精神・神経医療研究センター

12-4「情報化社会の新たな問題を考えるための児童生徒向けの教材、教員向けの手引書」文部科学省

　　　子どもと先生を幸せにする「おすすめ書籍」

『思春期の心の臨床 [第三版]―日常診療における精神療法―』青木省三（2020）金剛出版

第2節 青年期の心理的不適応

✓ 青年期は、心身・親子関係・自立・進路選択などさまざまな課題に直面 ← 青年期理解の ポイント！
✓ 青年期はどの子どもも、精神的に不安定・混乱しやすい時期
✓ 青年期にみられる統合失調症・うつ病・摂食障害・薬物依存・自傷行為・自殺などは周囲の理解 とサポートが必要

青年期とは

■ 青年期は 12、13 歳から 25、26 歳くらいまでとされ、思春期（12 歳から 17 歳くらい）を含みます。思春期には第 2 次性徴がみられ、身体に大きな変化がみられるため、自分へ関心が向きやすい時期といえます。**エリクソン**によれば、青年期の発達課題は**アイデンティティ（自我同一性）**の獲得です。青年期に「自分はいったい何者なのか」、「自分はどのように生きていきたいのか」等をみずからに問うことになります。また青年期はそれまで以上に人間関係が大きく広がります。生活空間が広がることによって人間関係が家族中心だったものから学校・友人を中心としたものに広がります。また、親子関係では**第 2 反抗期**を迎える場合もあります。進路を選択したり、保護者から自立したりすることを求められるのも青年期です。

■ このように、青年期の子どもたちはさまざまな課題に直面するため、精神的に不安定になったり、混乱したりしやすい時期といえます。そのため、さまざまな問題や症状を抱えがちです。教員はこのことをよく認識し、必要に応じてスクールカウンセラーや医療等につなぐ必要があります。

青年期の心理的不適応 （「重要資料」12-5、6、7 を必ず読みましょう）

以下に、重要資料 12-5 をもとに青年期にみられる心理的不適応をあげます。

■ 統合失調症

①症状：代表的な症状は「幻覚」と「妄想」です。幻覚には「悪口やうわさ話が聞こえる」などの幻聴が多いです。妄想には「自分が秘密組織に狙われている」といった被害妄想や、「自分は神の生まれ変わりだ」といった誇大妄想などがあります。また、感情が平板化したり、思考が貧困になったり、意欲がなくなったり、部屋に閉じこもりがちになったりといった症状もあります。その他、記憶力や集中力、判断力が低下することが知られています。不登校やひきこもりの状態に至る場合もあります。約 120 人に 1 人が発症し、決して珍しい病気ではありません。患者の 20 〜 40% において精神病症状が 20 歳以前に出現することが知られており（松岡, 2007）、青年期は好発期であるといえます。

②対応：早期発見・早期治療がもっとも重要であり、適切なケアにより３人に１人は治癒します（「重要資料」12-5）。完治しなくても治療を受けながら復学できるケースも多いです。学校で教師が子どもの異変に気づいたら、医療につなぎましょう。治療は抗精神病薬による薬物療法や心理療法などによって行われます。支援にあたっては医療や家庭との連携が不可欠です。

■ うつ病

①症状・現状：憂うつな気分、集中力の低下、意欲の減退、疲れやすさ、不眠、食欲の低下、自責的で悲観的な考えなどがみられます。生涯有病率は３〜７％（川上，2006）であり、決して珍しい病気ではありません。青年期の有病率は２〜８％であり、大人と比較すると、社会的ひきこもり（不登校など）、身体愁訴（頭痛、腹痛など）、イライラ感などが特徴的で、抑うつ気分は表現されにくいとされます（傳田，2016）。うつ病の集中力がない、焦燥のためじっとしていられないという症状は、注意欠如多動症（ADHD）と間違われてしまうことがあります（猪子，2012）。また、発達障害とうつ病が併存することも少なくありません。うつ病はいじめやインターネット依存症とも関連があることが知られています。後で説明する、リストカットなどの自傷行為や自殺とも関連があり、適切な対応が必要です。うつ病のほかに、抑うつ状態と躁状態（気分の高揚）の両方が現れる「双極性障害」もあります。

②対応：うつ病は、本人ががんばりたくてもがんばれず、焦ってしまう病気です。「がんばろう」などと声をかけることはかえって子どもを追いつめてしまいます。まずは子どもの話を否定せず、丁寧に聴きましょう。うつ病と双極性障害では治療法が異なり、医療につなぐ必要がありますが、子ども本人や保護者等に抵抗感があり、むずかしい場合も多いです。スクールカウンセラーとの連携も視野に入れてください。

■ 摂食障害

①症状・現状：摂食障害は食行動に関わる病気です。代表的なものに「神経性やせ症」と「神経性過食症」があります。神経性やせ症はいわゆる「拒食症」で、食物制限による有意な低体重、体重増加に対する強い恐怖、危機的な低体重の事実にもかかわらず太っているという信念をもつなどの身体心像の障害です。神経性過食症は、平均して３ヵ月にわたって少なくとも週１回、過食と代償行動（嘔吐や下剤の乱用等により体重増加を防ごうとすること）が起こり、加えて体重や体型を過度に重視します。2002年時点での16〜23歳女性における摂食障害の有病率は、特定不能の摂食障害を含めて12.74％ともいわれており（Nakai, Nin, & Noma, 2014）、青年期の女性に多いことが分かります。

②対応：本人が問題意識をもっておらず、治療への動機づけが難しい場合も多いのですが、最悪死に至ることもあるため、適切な治療が必要です。摂食障害が疑われたら、話を聴きつつ医療機関を受診するよう促してください。

■ 薬 物 依 存

①**症状・現状**：薬物の使用をくり返し行った結果、その刺激を求める抑えがたい欲求が生じて、その刺激を追い求める行動が優位となり、その刺激がないと不快な精神的・身体的症状を生じる疾患を指します。薬物依存といわれても、どこか遠い世界の

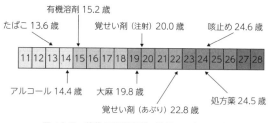

図 12-2　薬物の開始年齢（嶋根・三砂, 2005）

ことのように感じる人もいるかもしれません。しかし、2018 年に実施された高校生を対象とする全国調査によると、過去 1 年以内の違法薬物の経験率は 0.38% であり、これは約 260 人に 1 人という割合になります。このことから、薬物問題を抱えた生徒は全国どの高校にいても不思議ではないことがわかります。また嶋根・三砂（2005）による薬物依存症者の当事者団体への調査（図 12-2）では、その多くが 10 代前半から後半にかけて薬物を始めていることが示されています。図には大麻や覚せい剤等の違法薬物だけでなく、「咳止め」や「処方薬」も依存した薬物として取り上げられていますが、市販薬や処方薬にも依存性があることが知られており、辛い気持ちを楽にする目的でこれらを飲む青年期の子どもが増えています。このように、薬物依存は身近な問題であるといえます。

②**対応**：薬物乱用防止教室の実施など、未然防止の取り組みが必要です（「重要資料」12-6）。薬物依存の背景には、人間関係で傷つき、自分を大事に思えなくなっている状況があるという指摘もあります（松本, 2018）。薬物を「ダメ、ゼッタイ」とただ伝えるだけでなく、困った時には信頼できる大人に相談するよう伝えましょう。

■ 自 傷 行 為

①**現状**：自殺の意図をもたず、直接的に自分の身体を傷つける行為（リストカットなど）を指します。阿江ら（2012）によると、全体の 7.1%（男の 3.9%、女の 9.5%）に少なくとも 1 回以上の自傷経験があり、男女ともに自傷経験者の約半数が反復自傷経験者です。16 〜 29 歳における自傷経験率が 9.9% ともっとも高く、30 〜 39 歳、40 〜 49 歳はそれぞれ 5.6%、5.7% とほぼ同等となっています。自傷経験率は 16 〜 29 歳の女性で高く、喫煙者や虐待経験者で自傷経験率が高いことが知られています（阿江ら, 2012）。自傷する理由のうち 48.5% が「イライラを抑えるため」、9.1% が「つらい気持ちをすっきりさせたくて」であることも指摘されています（髙橋, 2020）。

②**対応**：自分の気持ちを自分なりになんとかするために自傷しているのだということを理解し、必要に応じて伝えるようにしましょう。自傷行為を否定するのではなく、まずは安心して話せるような関係をつくるよう心がけてください。その上で、「これは大切なことだから、保護者にも伝えた方がよい」旨を丁寧に伝えましょう。養護教諭やスクー

ルカウンセラーとの連携も不可欠です。

■ 自 殺

①**現状**：図 12-3 に示したように、平成 21 年から令和元年にかけて、わが国の自殺者総数は年々減少した一方、児童生徒の自殺者数は減少傾向がみられず、平成 28 年からは増加傾向となっています（厚生労働省, 2022）。とくに、中学生でも高校生でも、新型コロナウイルスの感染が拡大した令和 2 年以

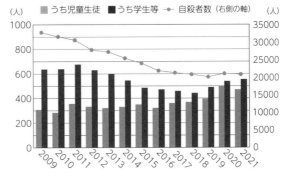

図12-3　児童生徒および学生等の自殺者数の推移（厚生労働省, 2022）

降、とくに女子の自殺者数が急増しています。女子の原因の推移（厚生労働省, 2022）をみますと、中学生では、令和元年から令和 2 年にかけて「学校問題」および「家庭問題」が大きく増加しています。高校生では、女子は令和元年から令和 2 年にかけて「健康問題」が大きく増加し、令和 3 年はさらに増加しています。

②**対応**：子どもから「死にたい」と伝えられたり、子どもに自殺の危険性があると思われたりする場合は、TALK の原則で対応してください。詳しくは第 11 章第 3 節に示しているので、参照してください。「大丈夫、がんばれば元気になる」などと安易に励ましたり、「死ぬなんて馬鹿なことを考えるな」などと叱ったりせずに、まずは子どもの話をよく聴くようにしましょう。とくにこのようなケースでは、子どもに安全かつ丁寧に関わるためにもチーム対応が必須です。決して一人で抱え込まず、管理職や教育相談係、スクールカウンセラー等に相談するようにしましょう。重要資料 12-7 もぜひ読んでおいてください。

（押江　隆）

• •

おさえてほしい「重要資料」

12-5「教職員のための子どもの健康観察の方法と問題への対応」文部科学省（2009）

12-6「喫煙、飲酒、薬物乱用防止に関する指導参考資料―令和 3 年度改訂―（高等学校編）」
　　日本学校保健会（2021）

12-7「教師が知っておきたい子どもの自殺予防」文部科学省（2009）

子どもと先生を幸せにする「おすすめ書籍」

『子どものうつ病―理解と回復のために―』猪子香代（2012）慶應義塾大学出版会

『教師にできる自殺予防―子どもの SOS を見逃さない―』髙橋聡美（2020）教育開発研究所

• •

第3節 | 成人期の心理的不適応

> ✓ ストレスは、心理・行動・身体の３つの反応として現れる
> ✓ 教員も、自分のストレスの心と体のサインに気づくことが大切
> ✓ 保護者も、心身の不調を抱えている場合があることを理解する

ストレス理論 （「重要資料」12-8、9を読みましょう）

■ メンタルヘルス不調の理解や援助にストレス理論は役立ちます。ストレス理論では図12-4のように、ストレスの原因となる刺激や要求のことを**ストレッサー**といいます。また、あるストレッサーが脅威であるかどうか、どう対処すればよいか、対処できるかを判断するこころの働きを認知的評価といいます。そして、ストレッサーによる刺激や要求に応じようとする生体の緊張状態・反応のことを**ストレス反応**といい、**心理面・行動面・身体面**の反応として現れます。図のＡ～Ｌはストレッサー、認知的評価、ストレス反応のそれぞれへの対処法を示しています（「重要資料」12-8を参照）。

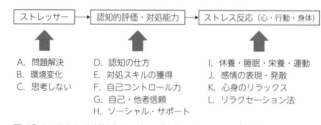

図 12-4　ストレスが起きるメカニズムとストレスへの対処法
（文部科学省，2003）

■ セリエ（Selye,H.）はストレッサーが持続的に加えられた時の生体の抵抗力の変化を示しました（図12-5）。ストレッサーが加えられた直後の警告反応期は、身体的活動が低下し全身の抵抗力は正常以下に低下します（ショック相）。次いで、ストレッサーに適応しようとする反応が発動し、抵抗力が高まる抗ショック相へと移行します。抗ショック相では、覚醒、活動水準が高くなり、過覚醒や過活動になることもあります。抵抗期では、持続的なストレッサーへ適応するために抵抗力や活動性を高めて一定のバランスを保っています。しかし、持続するストレッサーに対する身体の防御機能にも限界があり、適応エネル

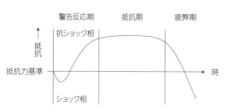

図 12-5　ストレス反応の３相期の変化 （セリエ，1988）

ギーが枯渇し、再びショック相と似た反応が見られ、抵抗力が正常値以下に低下する疲弊期に移行し、ストレス反応が現れます（「重要資料」12-8を参照）。

■ 教員自身がストレスに対して適切に対応し、良好なメンタルヘルスを維持することは、児童生徒と関わる上でも大切になります。図12-6は、仕事上のストレス要因やストレス反応に関連する要因を示したものです。**職業性ストレス簡易調査票**（「重要資料」12-9参照）では、図12-6の（A）仕事のストレス要因や、（B）ストレス反応、さらに（C）ストレス反応の緩和要因をチェックすることができます。

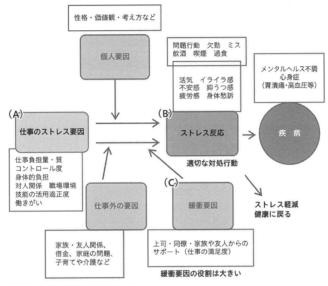

図 12-6　職業性ストレスモデル（厚生労働省, 2019）

教員のメンタルヘルス不調

■　令和2年度の公立学校教職員の精神疾患による病気休養者は5,203人で全体の0.57％で、ほぼ5,000人前後で推移しています（図12-7）。また、休職者の約半数は勤務校に赴任後2年以内で休職しています（文部科学省, 2021）。着任・転勤時の環境変化の時期はメンタルヘルス不調の背景として要注意の時期です。

■　平成25年度に文部科学省がまとめた「教職員のメンタルヘルス対策について（最終まとめ）」によると、いずれの世代においても、生徒指導や事務的な仕事、学習指導、業務の質、保護者への対応に強いストレスを感じる頻度が比較的高く（図12-8）、世代別では、60歳代を除いて全体的に年代が高くなるほど強いストレスを感じる傾向にあります。

図 12-7　教育職員の精神疾患による病気休職者数の推移（平成 23 年度～令和 2 年度）

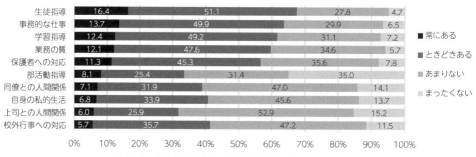

図 12-8　教職員のストレス要因（教諭等）（文部科学省，2013）

■ 上司への相談しやすさはスト
レスに影響します。日頃から上
司や同僚に相談できる環境作り
はストレスへの対処として非常
に重要です。下記のようなスト
レスのサインを感じたら無理を

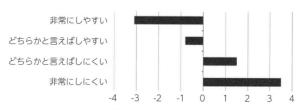

図 12-9　上司との相談しやすさとストレス（文部科学省，2013）

せず、必要に応じて上司・同僚・家族等の安心できる人に相談しましょう。

ストレスのサイン（「こころもメンテしよう」（厚生労働省）mhlw.go.jp より）

《こころのサイン》不安や緊張が高まって、イライラしたり怒りっぽくなる／ちょっとしたことで驚いたり、急に泣き出したりする・気分が落ち込んで、やる気がなくなる／人づきあいが面倒になって避けるようになる

《からだのサイン》肩こりや頭痛、腹痛、腰痛などの痛みが出てくる／寝つきが悪くなったり、夜中や朝方に目が覚める／食欲がなくなって食べられなくなったり、逆に食べすぎてしまう／下痢したり、便秘しやすくなる／めまいや耳鳴りがする

保護者のメンタルヘルス不調　（「重要資料」12-10、11、12 を読みましょう）

■ 保護者のメンタルヘルス不調が、児童生徒の発達や生活に影響を与えることは言うま

でもありません。保護者自身が虐待を受けて育ったり、不安定な愛着関係の経験があると、子どもに自分と同じ思いをさせたくないと思いつつ、親子関係がうまくいかなかったり、誰かに助けてほしいけれど、素直に助けてとは言えない場合もあります。また、40歳頃以降は、身体の衰え、思春期の子どもへの対応、親の介護の問題、仕事における責任の増大、これまでの生き方のとらえ直しなど、ストレスが増加する時期です。この時期は身体的にも社会的にも転換期であり、メンタルヘルス不調にもつながりやすく、そのために、**中年期の危機**ともいいます。(「重要資料」12-10 を参照)。

■ 本章第2節で取り上げたうつ病等は教員や保護者も罹患しやすい精神疾患です。うつ病のほかに、考慮すべき疾患を簡単に取り上げます。なお、より詳しく情報を得たい場合は、「重要資料」12-11 を参照してください。

①**双極性障害**：気分の高揚が持続し非常に活動的になる躁状態と気分が落ち込んで無気力になるうつ状態をくり返す障害です。躁状態の時は、ふるまいが尊大になる、眠らなくても平気になる、次々に考えが浮かぶ、買い物やギャンブルによって浪費する、ということが見られることもあります。躁状態の時は本人には病気の自覚がありません。

②**心身症**：発症や症状の悪化に精神的ストレスなどが密接に関係しているからだの病気の総称です。代表例として過敏性腸症候群、本態性高血圧、筋緊張型頭痛、疼痛性障害などがあげられます。

③**依存症**：特定の物質や行為をやめたくてもやめられない状態になることです。アルコールや薬物などの物質への依存とギャンブルやゲーム等の行動への依存の2種類があります。いずれも仕事や家庭生活等に問題が生じ、本人や家族など誰かが苦痛を感じているにもかかわらず、やめられません。アルコール依存症の家族と生活する子どもは、暴れる家族に家族が殴られる場面に常時に晒されたり、自分も殴られるという虐待環境にいる可能性もあります（アルコール依存症の家族の中に潜む虐待については「重要資料」12-12 を参照）。

（岩橋　宗哉）

● ●

おさえてほしい「重要資料」

12-8 CLARINET へようこそ「第2章　心のケア　各論」文部科学省（2003）

12-9 Selfcare. こころの健康　気づきのヒント集　厚生労働省（2019）

12-10 「こころの健康のためのサービスガイド〈中年期の心の健康〉」京都府精神保健福祉総合センター

12-11 こころの情報サイト　国立精神・神経医療研究センター精神保健研究所

12-12 「子ども虐待対応の手引き」厚生労働省　第13章

● ●

第4節 ｜ 心理アセスメント

> ✓ 心理アセスメントとはさまざまな情報から、対象を理解し援助方針を立てる過程
> ✓ 心理アセスメントでは、面接法、観察法、心理検査法などを用いて情報を得る
> ✓ 心理検査法には知能検査、発達検査、人格検査（質問紙法、作業検査法、投映法）の３つの方法がある

心理アセスメント （「重要資料」12-13、14、15 を読みましょう）

■ 生徒指導提要（改訂版）（「重要資料」12-15）ではアセスメントについて、教員も「学校として組織的な生徒指導を進める上で、**心理的・発達的な理論に基づいて問題の見立てを行うアセスメント力**」を備えることが求められるとされています。また、文部科学省（2007）では「スクールカウンセラーの業務」の一つに心理アセスメントがあるとされ、心理検査法を用いた査定や対象者の見立てを行うとされています。教員が心理検査法を行うことはあまりないですが、児童生徒が他機関等で受けた検査結果などが学校に提供され、それをもとに教職員で児童生徒理解や今後の見立てを行うことは珍しくありません。そのため、教員も心理アセスメントがどのようなものかを理解しておくことは必要です。

■ 心理アセスメントの重要な視点として、①相談者がこれまでどのように生きてきたのか、②いつからどこでどのように心理的に困り悩んでいるのか、③潜在する力としてどのような可能性や能力を有するのか、があります。そしてそれらをもとに、**一人ひとりの個としての姿を理解**しようとします。心理アセスメントの結果から援助方針を立てて、援助を実践し検証することが大切なプロセスと言えます。

■ **子どもの心理アセスメントの視点**：子どもの心理アセスメントを行う際に、とくに大切な視点は以下の２点です。

①**環境の影響を受けている**という視点：自分を**取り巻く環境**を子ども自身の意思によって取捨選択をしたり、調整したりすることはできません。そのため、対象の子どもはどのような環境（家族、学校など）で過ごしているのか、キーパーソンの存在など、子どもを**取り巻く環境**からもとらえようすることが大切です。

②**成長し変化する**という視点：現時点の対応に困る問題のみに注目するのではなく、これから**成長し変化する**可能性や潜在する能力をもった存在であるととらえることが大切です。そして、現時点では支援が必要なこと、もう少し年齢が上がることで自然に解決する可能性もあることなど、さまざまな視点から理解することが重要です。

■ **心理アセスメントの方法**：図 12-10 のように、心理アセスメントは３つの方法（面接法、観察法、心理検査法）があり、また心理検査法も３つの方法（知能検査、発達検査、人格検査）が

128

あります。心理アセスメントはこれらの方法をもとに総合的に行います。

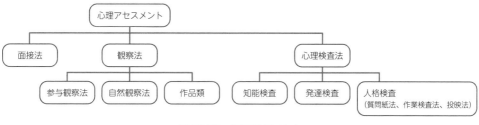

図 12-10　心理アセスメント

①**面接法**：時間と場所を設定して行い、情報を収集しますが、いくつかの対象や形態があります。

> 【**情報収集の対象**】本人、周囲の人々（家族、先生、友人など）
> 【**面接形態**】構造化面接（質問項目が決められている）、半構造化面接（事前に準備した質問に沿いつつ、自由に語ってもらう）、非構造化面接（自由に語ってもらう）

　　面接法では、家族歴、生育歴、相談歴や現在の状況など、収集が必要な事項に沿って質問しつつ自由に語ってもらう半構造化の方法が多く用いられます。いずれにしても、共感的な傾聴を心がけ、信頼関係の形成を重視し、相談者が緊張することなく思ったままを語ってもらうことがもっとも重要です。

②**観察法**：以下のようにいくつかの方法があります。目的や観察したい行動の検討を行い、どの方法がよいかを決め、チェックシートを作成するなど、事前の準備が重要です。

> 【**参与観察法**】観察者が話しかけたり、関わったりするなど直接の働きかけなどを通して、情緒表出、対人関係のもち方、知的レベルなどを観察できる。理解したい側面に沿った詳細な情報収集を行いやすい。
> 【**自然観察法**】授業中や休憩時間の様子を観察するなど、観察対象者の行動に直接介入することなく、日常生活のなかでありのままを観察できる。日常生活という文脈のなかで生じる対象者の特徴や対人関係に関するデータを収集しやすい。
> 【**作品類**】学校などでは、教室に掲示されている子どもの絵などの作品や子どもが書いた学習ノートなどを参考にすることがある。授業等で制作された作品類は子どもの心理的側面に関する貴重な情報となることも多い。

③**心理検査法**：知能検査、発達検査、人格検査があり、それぞれ異なる側面をとらえます。また各検査に複数の種類があるため、児童期から青年期に用いられる知能検査と人格検査について主なものを紹介します。なお、目的に応じて検査を適切に組み合わせて用い、多面的により深い理解が得られるようにすることを、「**テストバッテリーを組む**」と言います。

心理検査法：知能検査

■ 知的側面の詳細な理解が必要な場合に行います。主なものを3つ紹介します。
数値だけでなく、検査時の観察から、どのような課題でつまずくのか、どのような課題が得意か、どのような支援があると取り組みやすくなるかといった特徴を理解し、支援に活かします。

表 12-2　主な知能検査

	検査名	概要
知能検査	WISC-V 知能検査	ウェクスラーの知能観：目的的に行動すること、合理的に思考すること、環境に合わせて効率的に処理することができる個人の総合的かつ全体的な能力 目的：対象者の能力をさまざまな角度から測定すること 対象年齢：5歳0ヵ月〜16歳11ヵ月 ・主要指標得点（言語理解、視空間、流動性推理、ワーキングメモリー、処理速度） ・全般的な知能を表す合成得点（FSIQ） ・補助指標得点（量的推理、聴覚ワーキングメモリー、非言語性能力、一般知的能力、認知熟達度）
	田中ビネー 知能検査V	ビネーの知能観をもとに作成。知的発達の進み具合、遅れ具合をトータルにとらえられる。「一般知能」を測定しているため、基礎的な能力を把握することに優れている。 福祉領域では、療育手帳の判定のために使用されることも多い。 適用年齢：2歳から成人まで。 各年齢級の問題は同年齢の約55〜75%が通過できるように作成されている。
	K-ABC	1983年にアメリカの心理学者カウフマン夫妻によって作成された。日本では、1993年に日本版K-ABC心理・教育テスト・バッテリーとして標準化された。2004年にKABC-Ⅱが開発され、2013年に日本版KABC-Ⅱが刊行された。 適応年齢：2歳6ヵ月〜18歳11ヵ月。 目的：子どもの認知過程レベル（情報処理機能）にあった習得度（知識や技能）を達成できる指導を目指すこと。 認知尺度：継次、同時、計画、学習から構成。 習得尺度：語彙、読み、書き、算数から構成。

心理検査法：人格検査

■ 人格検査は、質問紙法、作業検査法、投映法（投影法）があり、個人のパーソナリティを把握する検査です。以下、主な検査を表で紹介します。

①**質問紙法**：いくつかの性格特徴を示す質問項目に対して、「はい」「いいえ」あるいは「あてはまる」「あてはまらない」などの回答を選択させ、それに基づいて得点化し、その結果からパーソナリティを理解します。数多くの質問紙法があります。主なものを3つ紹介しています（表12-3）。

②**作業検査法**：一定の作業を一定の条件のもとで行い、実施態度や遂行結果から、対象者のパーソナリティを理解します（表12-3）。

③**投映法（投影法）**：あいまいな刺激や状況を設定して、それに対してなされる判断や表現などからパーソナリティを理解する方法です。主なものを4つ紹介しています（表12-4）。

表 12-3　主な質問紙法と作業検査法

	検査名	概要
質問紙法	YG 性格検査 (矢田部 - ギルフォード性格検査)	児童用（小学 2 ～ 6 年）、中学生用、高校生用、一般用（18 歳以上）の 4 種類がある。12 尺度 120 項目。6 因子の得点水準より 15 の類型に分類される。情緒的特性や人間関係特性、行動特性、知的活動特性などを把握することができ、総合的にみて判断する。
	MMPI (ミネソタ多面人格目録)	ミネソタ大学の心理学者ハサウェイと精神医学者マッキンレイによって作成された。15 歳以上で小学校卒業程度以上の読解力を有する人が対象。被検者の受検態度、適応状態、性格特徴、行動特徴を把握することができる。
	新版 TEG- Ⅱ (東大式エゴグラム)	適用年齢は 15 歳以上。交流分析の 3 つの自我状態（親（P：CP、NP）、大人（A）、子ども（C：AC、FC））の心的エネルギーの配分状況を測定。自己分析するためのひとつのツールとして、自己成長や対人関係の改善に役立てるために用いられることが多い。
作業検査法	内田クレペリン精神検査	ドイツの精神医学者クレペリンの研究をもとに日本の臨床心理学者の内田勇三郎が実用的な検査として確立したもの。作業の処理能力や性格、行動ぶり、仕事ぶりの特徴を把握することができる。一桁の数字が横に幾行にもわたって印刷されている検査用紙を用いて、隣り合う数字を加算していく。1 分間ごとに行を変えて 15 分間行い、5 分休憩後、さらに 15 分間行う。作業量と作業曲線（各行の加算作業の最終到達点を線で結んだもの）を中心に類型判定を行う。被検者による意図的な操作がしにくいことが特徴である。

表 12-4　主な投映法

	検査名	概要
投映法	ロールシャッハ法	ヘルマン・ロールシャッハが 1921 年に発表。対象者と臨床家のあいだに共有可能な図版という「現実」があり、対象者がその「現実」をどう体験（取り入れ、意味づけたか）し、その体験をどう臨床家に伝えたか、を理解していく参与観察的手法である。対象者の自我機能の働き具合、世界の体験の仕方、コミュニケーションの特徴を知るために導入される。病院臨床では、病態把握や心理療法の見立てのためによく使われる。
	P-F スタディ	ローゼンツァイクによって開発された。主張行動や攻撃行動を含むすべての目標指向行動をアグレッションと定義している。児童用（6 ～ 15 歳）、青年用（12 ～ 20 歳）、成人用（15 歳以上）の 3 種がある。24 の欲求不満場面から構成され、各場面に対する回答は、アグレッションの方向と型の 2 つの次元から評価される。
	バウム	コッホが体系化した描画法。バウム（描かれた木）は描き手の自己イメージを表すと言われ、病理や認知、発達特徴を推察可能と考えられている。描画課題を中心に描き手と臨床家とのコミュニケーションを構造化する媒介物が本技法で、「このクライエントを理解したい」という専門的観点からなされるべきである。統一の解釈法や「正しい」理解はないことが強みである。
	SCT (文章完成法)	エビングハウスにより開発された。最初の刺激文から連想することを自由に書くように求める。小学生用と中学生用は 50 問、成人用は 60 問。対象者のパーソナリティの全体像および諸側面の特徴を具体的に把握することを目的としている。

集団構造を調べる検査

■ 学校現場で集団構造を調べる検査が用いられることがあります。これは教員がクラスの児童生徒を対象に行うことが少なくありません。代表的なものは、河村（2006）が開発したQ-U（Questionnaire-Utilities）という学級集団をアセスメントし、より適切な支援をするための補助ツールです。表12-5のように、**学級満足度尺度**と**学校生活意欲尺度**で構成されています。教員は子どもたちの成長を日々直接見守っていますが、観察だけではどうしても気づけない部分があります。また、教員からすると意外な感情を子どもたちが抱いている場合もあります。そのような教員の観察と子どもの実態のズレを補うのがQ-Uといえます。Q-Uに対人関係に必要なソーシャルスキル尺度を加えたhyper-QUもあります。

表12-5　Q-Uの構成

1. **学級満足度尺度**：「友達にいやなことをされると感じるか（被侵害得点）」「先生や友達に認められていると感じるか（承認得点）」という2つの側面から、子どもたちの学級生活の充実度がわかります。
2. **学校生活意欲尺度**：友達、学習、学級の3領域（中学以上は、友人、学習、学級、進路、教師の5領域）について、子どもが積極的に取り組んでいるかどうかがわかります。
3. **ソーシャルスキル尺度**（※：hyper-QUのみ）：他者への気遣いを中心とした「配慮のスキル」と、他者への積極的な働きかけを中心とした「かかわりのスキル」を、どのくらい身につけて発揮しているかがわかります。

　その他に集団の適応をみるものとして、学校生活等への適応感を測定するFit（小杉, 2011；山口県教育委員会・山口大学共同作成, 2021）などもあります。いずれにしても大切なのは、検査を実際の児童生徒の支援につなげていくことと言えます。

（吉岡　和子）

おさえてほしい「重要資料」

12-13『心理アセスメントの理論と実践―テスト・観察・面接の基礎から治療的活用まで―』
　　高瀬 由嗣・関山 徹・武藤翔太編（2020）岩崎学術出版社

12-14「生徒指導提要（改訂版）」文部科学省（2022）第3章3.4.1

12-15『学級づくりのためのQ‐U入門―楽しい学校生活を送るためのアンケート活用ガイド―』
　　河村茂雄（2006）図書文化

子どもと先生を幸せにする「おすすめ書籍」

『子どもの心理検査・知能検査 保護者と先生のための100%活用ブック』熊上崇・星井純子・
熊上藤子著（2020）合同出版

教育の現場から：教師のやりがいとは

　学校には、子どもたちの健全な成長を願って懸命に教育活動にいそしむ先生方の姿があります。私はこれまでにも、教育委員会という立場から幾度となく、先生方の輝く姿を目にしてきました。それは、生徒指導上の問題に先生方が一致団結して取り組む姿や、問題解決に向けて必死に取り組み、子どもや保護者から「先生、ありがとう。」と感謝の言葉をかけられる姿、また、成人式を迎えた子どもたちの成長に感動し、涙する姿などです。

　これは、子どもの成長を願い、子どもに寄り添い続ける教師だからこそ見られる姿であり、苦労しながらも教師として、やりがいや喜びを感じる瞬間でもあろうと思っています。

　人の幸せには、誰かのために役立つことで味わえる幸せがあります。教師という仕事は、子どもたちの「自分探しの旅」を支援するなかで、子どもたちの幸せを自分のこととして感じとれるやりがいのある職業です。また、将来の地域や日本、世界を担う人材を育てる素敵な職業でもあります。

　われわれ教育委員会としても、子ども一人ひとりのために献身的に取り組む先生方が、やりがいや生きがいを感じられるよう働き方改革や生徒指導の充実などの施策を進めていきたいと思っています。

（宮崎市教育委員会教育長　西田　幸一郎）

教育の現場から：「届け続ける」

　登校時と下校時に、校門付近に立って子どもたちの見守りをできるかぎり続けている。もはや習慣化し、長期休業中などは、なんだかしっくりこないほどである。

　これは長い教職生活での悲しい出来事がきっかけになっている。20年くらい前だろうか。勤務していた小学校の子どもが、交通事故で尊い生命を失った。直接関わりのある子ではなかったが、毎日あいさつを交わす間柄であった。事故当日の朝もあいさつを交わした。その日の夕方、その子は亡くなった。大きな衝撃であった。そして葬儀会場でご家族の慟哭を目の当たりにし、「尊い生命、幼い生命を絶対に失ってはならない。できることを始めよう。」その日、自分自身にそう誓った。

　朝夕あいさつを交わす、道に立って声をかけることで、不慮の事故を防ぐことは適わないかもしれない。けれども、その日出会えた喜びを「おはようございます」に込め、無事に帰り着いてほしいとの願いを「さようなら」に込める。この、思いが届けと念じて。

　地域の全ての大人が、同じ思いで念じ、あたたかい言葉を子どもたちに毎日届け続けたならば、どれほど大きな力を生み出すことだろうか。

　「おはようございます」「さようなら」　今日も届け続ける。（元山口県公立小学校校長　伊藤　豊）

教育の現場から：私が心がけていること

　私はこれまで小学校、中学校、特別支援学校で勤務するなかで、教育相談において心がけてきたことが４つあります。

　一つ目は「大切なことは直接会って話す」です。もちろん例外があり、文字や電話の方が良い場合もあります。

　二つ目は「相談の場を設定する」です。緊急を要する場合以外は、時間と場所を設定します。座る位置は威圧感がないように真正面に座ることは避け、難しい話題の場合は、相談後のトラブルを防ぐために記録者の同席をお願いします。

　三つ目は「共感、情報提供、アドバイス、今後について必要に応じてふれる」です。今後の対応に検討が必要な場合は、「考えたいのでお時間いただいてもよいですか？」と正直に伝えています。

　四つ目は「相談者のスキルアップを促す」です。児童生徒の場合は、相談スキルを高めるためにも、相談は継続して行っています。他者に「受け止められた」「分かってもらえた」等の肯定的な経験を積むことが、将来の相談行動につながると思っています。保護者相談では、「何を相談したいのか、何に困っているのか」を保護者の方がみずから考え、それを他者と共有することで安心できたり、心地よさを感じたりしていただけるようにしています。

（山口大学教育学部附属学校園（特別支援学校）教諭　中川　敏子）

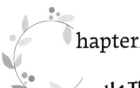

Chapter

13

心理療法の基礎

 第1節 心理療法の学派と心理療法

- ✓ 心理療法は来談者が困り事に自ら取り組み、自分らしく生きることを援助する営み
- ✓ 心理療法にはラポールが必要。教員と児童生徒との関係でも重要
- ✓ 児童生徒の理解に役立つ来談者中心療法・精神分析療法・認知行動療法の視点

心理療法（カウンセリング）の基礎

■ 心理療法について河合（1992）は「悩みや問題の解決のために来談した人に対して、専門的な訓練を受けた者が、主として心理的な接近法によって、可能な限り来談者の全存在に対する配慮をもちつつ、来談者が人生の過程を発見的に歩むのを援助すること」と定義しています。このように心理療法は来談者が困り事に自ら取り組むための援助であると同時に、来談者の生き方も視野に入れながら、自分らしく生きていくための援助です。その際に必要なのが、カウンセラーと来談者との相互の温かな信頼関係（ラポール）です。教員と児童生徒の関係でも、このラポールは重視されています。

来談者中心療法

■ ロジャーズ（Rogers, C.）が創始した来談者中心療法では、否認していた自分自身の経験も自分のこと（自己概念）として受け入れ、自己概念と経験が**一致**した時、心理的に適応した状態になると考えます（ロジャーズ，1951）。そのためには、次のカウンセラーの3つの態度が重要になります。1つ目は、カウンセラー自身が来談者（クライエント）との関係のなかで、体験していることと意識していること、表現していることが**一致**（congruence　自己一致とも訳される）していることです。2つ目は、来談者に対して**無条件の肯定的配慮**（unconditional positive regard）を経験していること、つまり、何も条件をつけずに受容することです。3つ目は**共感的理解**（empathic understanding）であり、それは来談者の心のなかの私的な世界を、あたかも自分自身の心のなかの私的な世界であるかのように感じ取ろうとすること、しかし決して自他が異なった存在であるという感覚を見失わずにそうすることです（ロジャーズ，1957）。

■ **児童生徒との関わりへの応用**：児童生徒に関わる際、その子を外側から理解するだけで

なく、もし自分がその子だったとしたらと、**その子の内側からも理解**しようとしてください。そして、その子の内側から外界を見たら、私たちや世界がどのように見えているかを想像してみてください。こういった視点をもつと関わりの質が向上します。

精神分析療法

■ フロイト（Freud,S.）が創始した精神分析療法では**無意識の過程**や**幼少期**の経験や親子関係が重視されます。フロイトは３〜５歳の子どもが体験する父母との三角関係による**エディプス・コンプレックス**（同性の親を亡き者にして取ってかわりたいという願望と異性の親と結合したいという願望、これらの願望に対して同性の親から処罰される恐怖や罪悪感を体験する心の状況）が神経症の発症に影響すると考えました。そのほか、精神分析療法では、以下のような視点もあります。

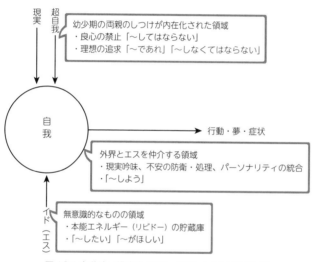

図 13-1 力動論・構造論（前田，1985）を参考に著者作成

・**構造論**：心が**イド（エス）**、**自我**、**超自我**の領域からなると考えます（図 13-1）。

・**力動論**：人は誰でも「〜したい（**欲動**）けど、そうすると**不安**になるので、〜せざるをえない（**防衛機制**）」という無意識的な葛藤にとらわれて生きており、それが大きすぎると、防衛機制だけでは対処できず、精神的な症状を引き起こし、心の病になると考えます。

表 13-1　おもな防衛機制（前田（1985）を参考に著者作成）

抑圧	苦痛な感情や欲動、記憶を意識から閉め出す
逃避	空想、病気、現実などへ逃げる
退行	早期の発達段階に戻る、幼児期へ逃避する
置き換え（代理満足）	欲求が阻止されると、欲求水準を下げて満足する
転移	特定の人へ向かう感情を、よく似た人へ向けかえる
転換	不満や葛藤を身体症状へと置きかえる
昇華	反社会的な欲求や感情を社会的に受け入れられる方向へ置きかえる
反動形成	本心と反対のことを言ったり、したりする
同一視（化）	相手を取り入れ、自分と同一と思う
投影	相手へ向かう感情や欲求を、相手が自分へ向けていると思う
合理化	責任転嫁をする
知性化	感情や欲動を直接に意識化せず、知的な考えでコントロールする

■ **児童生徒との関わりへの応用**：児童生徒のふるまいを理解する時に、上述した**防衛機制**や**力動論**の視点が役に立つことがあります。たとえば「頼りたいけど、自分を見失いそうで不安になるので、反発せざるをえません」等です。そうせざるをえないふるまいの背後にある不安に眼を向けようとすることは、理解と対応の質を高めます。

認知行動療法

■ 認知行動療法（詳しくは坂井，2018; 氏原他，2004を参照）は、行動科学と認知科学を臨床の諸問題へ応用したもので、複数の理論とそこから生まれた多数の技法を包含した広範な治療法です（日本認知・行動療法学会 jabt.umin.ne.jp/cbt/）。

■ **行動的側面へのアプローチ**の基礎理論は**学習理論**です。学習理論の一つである**レスポンデント条件づけ**の研究は、**パブロフ**（Pavlov, I.）が犬を用いて行った唾液の条件反射の実験から始まります。無条件刺激（食物）と中性刺激（ベルの音）の対提示をくり返すと、ベルの音が条件刺激となり、それのみで条件反応（唾液分泌）を誘発するようになる学習です。

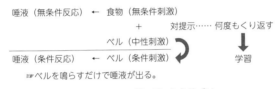

☞ベルを鳴らすだけで唾液が出る。

図13-2　レスポンデント条件づけ

■ もう一つの学習理論は**スキナー**（Skinner, B.）の**オペラント条件づけ**です。この理論は、行動を生じさせる刺激、それにより生じる行動、行動の結果の3要素の結びつき（三項随伴性）により行動を理解します。行動の結果は、行動の生起確率を増大させたり（**強化**）、減少させたり（**弱化**）します。特定の行動を増やす結果を強化子といいます。

(例) A：忙しいお母さんを見て B：自発的に手伝ったら C：褒めてもらえた。
　　☞褒められるという結果はお手伝い行動を強化する。

図13-3　オペラント条件づけ

■ **バンデューラ**（Bandura, A.）は他者の行動を観察することによる学習（**モデリング**）についての**社会的学習理論**を提唱しました。

■ 次に、出来事はそれへの認知や信念を介して行動や感情に影響するため、自らの認知や信念を検討する**認知的側面へのアプローチ**が生まれました。この基礎理論は**認知理論**（情報処理理論）で、ベック（Beck, A.）の**認知療法**やエリス（Ellis, A.）の**論理療法**が端緒となりました。

■ さらに、第3世代の新しい認知行動療法として、**マインドフルネス**（意図的に今この瞬間

表 13-2　代表的な技法 (坂井, 2018)

技法	特徴
系統的脱感作法	不安階層表を作成し、深い筋弛緩状態でイメージによる不安刺激を提示する操作を繰り返しながら、不安反応を逆制止する方法。
エクスポージャー法	不安反応を引き起こす刺激状況に持続的に直面することで、不安反応を軽減させる方法。
正の強化法	望ましい行動に強化子を随伴させ、その行動の頻度、強度を高める方法。
トークンエコノミー法	強化子としてトークン（シールや得点のような代用貨幣）を用いた、正の強化法の１つ。
セルフモニタリング	自分で自分の標的行動を観察、記録、評価する方法。
社会的スキル訓練	対人関係技術の習得を目的とした、教示、モデリング、ロールプレイ、強化を含んだパッケージ技法。
認知再構成法	思考記録表（コラム表）を用いて、認知の歪みを柔軟なものに修正する方法。
問題解決法	問題の肯定的理解、問題の明確化、解決方法の産出と選択、解決方法の実行と評価という手順による、問題解決力を高める方法。
行動活性化	活動記録表を用いて活動をモニター、スケジュール化し、うつの改善を目指す方法。
マインドフルネス技法	レーズン・エクササイズ、ボディスキャン、呼吸のエクササイズから、本格的な瞑想法までさまざまな技法で構成されている。

に、価値判断することなく注意を向けること（カバット‐ジン, 1994））を重視する方法が注目されています。

■ **児童生徒との関わりへの応用**：児童生徒の問題行動を理解する時に、先行刺激、問題行動、結果の関係を考えて（ABC 分析）、その行動を維持していることがらを理解してみましょう。詳しくは第 8 章第 1 節を参考にしてください。

その他の心理療法

その他の心理療法をいくつかご紹介します。

表 13-3　その他の心理療法 (氏原他, (2004)；(倉戸, 2012) を参考に著者作成)

交流分析 (E・バーン)	交流分析では個人の自我状態を P（Parent、親）、A（Adult、成人）、C（Child、子ども）の３つに分け、「今、ここ」の自我状態に気づくことによって、感情、思考、行動を自己コントロールすることを目的の一つとしています。
ゲシュタルト療法 (F・パールズ)	ゲシュタルトとは「形」「全体」「統合」を意味するドイツ語です。ゲシュタルト療法はクライエントが自らの欲求を「形」にして表現したり、人や物事を「全体」としてとらえ、心残りなど未完の経験を完結させることで、まとまりのある方向に人格を「統合」することを目指した援助法です（倉戸, 2012）。
内観療法 (吉本伊信)	両親など重要な他者との関係を①お世話になったこと、②（お世話を）して返したこと、③迷惑をかけたことについて調べる内観による自己探求法です。
森田療法 (森田正馬)	神経質傾向（ヒポコンドリー性基調）によって生じる症状に対する療法です。絶対臥褥、隔離、作業などを行い、症状へのとらわれから脱して「あるがまま」の心の姿勢を獲得できるよう援助します。
自律訓練法 (J・シュルツ)	自己暗示によって全身の緊張を解き、心身の状態を自分でうまく調えるための段階的訓練法で、標準練習、特殊練習、黙想練習があります。
サイコドラマ (J・モレノ)	即興的、自発的にある役割を演じるドラマの形式を用いた集団心理療法で、監督、演者、観客、補助自我、舞台の５要素により構成されます。

注：(　) 内は創始者。療法の詳細は文献を参照して下さい。

（岩橋　宗哉）

第2節 遊戯療法

- ✓ 遊戯療法は、遊びを媒介とする子ども対象の心理療法
- ✓ アクスラインの8原則が重要

遊戯療法とは

■ 遊戯療法（プレイセラピー）は遊びを媒介にした、**子どもを対象**にする心理療法で、主に**幼児から小学生**を対象に行われます。子どもは自分の気持ちや困難さなどを言葉で伝えることが大人ほど十分でないため、言葉の代わりに遊びを用いることで、自分の心を表現しやすくなります。また、子どもにとって遊びは生活の一部であり、なじみやすいものです。これらの理由で、子どもの心理的不調などに対し、遊戯療法が用いられます。遊びを用いますが、大人に対する言葉による心理療法と同様に、プレイルームという遊戯療法を行うための守られた部屋（空間）のなかで、子どもは遊びのなかで自由に自分を表現し、カウンセラーに受け止められる体験をします。

■ 遊戯療法の対象年齢は、幼児から小学生が主ですが、中学生もボードゲームやカードゲーム、卓球などを媒介とした心理療法を行うこともあります。一方で、小学生でも、言葉を主とした心理療法を行うこともあります。なお、プレイルームのなかでの遊戯療法ではありませんが、教員が不登校の児童生徒の家庭訪問等で、カードゲーム等を児童生徒と行うことで、児童生徒と教員の関係づくりや児童生徒の自己表出につながっている場合があります。緘黙の子など言葉でのやりとりがなくても、媒介物を用いることで、関係をつくることができる可能性があります。このような場合、普段から教員自身がその遊びに慣れておくこと、心から真剣に遊ぶことが大切です。

■ プレイルームには、表13-2のように、さまざまな設備や遊具があります。これらすべての設備や遊具がどの相談機関等にもあるのではなく、それぞれの相談機関等により設備や遊具は異なります。体を動かすことができるもの、攻撃性を出しやすいものや創作でき

表 13-4　プレイルームの設備・遊具の例

体を動かすものや大きなもの	トランポリン／滑り台／卓球台／幼児用自転車や車／おもちゃのボーリング／野球セット／バドミントン／大型積木／ボールプール／子ども用テントハウス／サンドバッグ
さまざまなおもちゃ	ドールハウス／きせかえ人形／ぬいぐるみ／おもちゃの刀やピストル／電車やレール／ミニカー／おもちゃのピアノ／太鼓／プリンセス衣装やアクセサリー
創作ができるもの	折り紙／画用紙／ハサミ／糊／セロハンテープ／クレヨン／絵具／ペン／アクセサリー制作キット／粘土／プラモデル／箱庭／コラージュ用雑誌
やりとりになるもの	トランプ／オセロ／ジェンガ／ボードゲーム／ままごとセット／トランシーバーや電話
設備	水道／絵を描いたりする机／砂場／ホワイトボード

るもの、やりとりができるような遊具などがあります。

なぜ遊戯療法が有効なのか

■ 遊戯療法の原則として、表13-5のアクスラインの8つの基本原理があります（小林, 1972）。このような原理により、子どもは安心して自分を表現します。

表 13-5　アクスラインの8つの基本原理（Axline, 1947, 小林訳, 1972）

①治療者はできるだけ早くよいラポート（親和感）ができるような、子どもとのあたたかい親密な関係を発展させなければなりません。
②治療者は子どもをそのまま正確に受けいれます。
③治療者は、子どもに自分の気持を完全に表現することが自由だと感じられるように、その関係におおらかな気持をつくり出します。
④治療者は子どもの表現している気持を油断なく認知し、子どもが自分の行動の洞察を得るようなやり方でその気持を反射してやります。
⑤治療者は、子どもにそのようにする機会があたえられれば、自分で自分の問題を解決しうるその能力に深い尊敬の念をもっています。選択したり、変化させたりする責任は子どもにあるのです。
⑥治療者はいかなる方法でも、子どもの行ないや会話を指導しようとはしません。子どもが先導するのです。治療者はそれに従います。
⑦治療者は治療をやめようとしません。治療は緩慢な過程であって、治療者はそれをそのようなものとして認めています。
⑧治療者は、治療が現実の世界に根をおろし、子どもにその関係における自分の責任を気づかせるのに必要なだけの制限を設けます。

■ 遊戯療法と言っても、子どもは「楽しく遊ぶ」わけではありません。子どもは心のなかの整理できないものを、遊びとして表現するのです。遊戯療法でなくても、災害を体験した子どもたちが「地震ごっこ」などをすることもあります（日本応用心理学会, 2011）。遊戯療法は一般的に、表13-6のような過程を辿ります。プレイルームに来ることを毎回楽しみにしていた子が、本来の元気さを取り戻し、日常で楽しく遊べるようになると、プレイルームに来なくなり、遊戯療法は不要になります。弘中（2020）は遊びがもつ治療的意義として、①関係のきずなとしての遊び、②表現の手段としての遊び、③カタルシスとしての遊び、④体験としての遊び、をあげています。遊戯療法を行っていると、遊びの治癒力により、その子どもはその子がもつ本来の心の元気さを取り戻していくように感じます。

表 13-6　遊戯療法の過程

第1段階：導入期	・子どもがプレイルームやカウンセラー、遊戯療法に慣れていく ・子どもとカウンセラーのあいだに信頼関係が作られる
第2段階：中間期	・子どもが自由に遊ぶようになる ・子どものさまざまな感情（攻撃性なども）が表現される ・子どものどのような表現も、基本的にカウンセラーは否定せず受け止める ・ネガティブな表現が減少し、ポジティブな表現が多くなる
第3段階：終結期	・子どもが落ち着いてくる ・日常での問題が改善され、プレイルームに来なくてもよくなる

（春日　由美）

第3節 学校に活かす心理療法：芸術療法

✓ 芸術療法は、非言語的な方法を媒介にした心理療法
✓ 芸術療法は、言葉と同等またはそれ以上に豊かな表現につながる

芸術療法とは

■ 芸術療法（表現療法、アートセラピーとも言う）は、**非言語的**な方法を媒介にした、心理療法です。子どもも大人も自分の思いや考えのすべてを言葉にできるとは限りません。また自分の思いや考えのすべてを把握しているとも言えません。芸術療法はそのような自分が言葉にできないこと、自分でも把握できていないことを表現しやすくすると考えられます。また、言葉による心理療法と同様に、カウンセリングという守られた時間と空間のなかで自由に自分を表現し、カウンセラーに受け止められる体験をし、自己理解を深めます。

■ 芸術療法の原理として、川瀬ら（2015）は以下の6点をあげています。芸術療法は言葉同様に、あるいはそれ以上にその人の内面が表現されると言えるかもしれません。

①言語化できない心の深層を表現　②非言語的表現は**カタルシス効果**をもつ
③**視覚的フィードバック**による洞察　④自己実現や人格の統合の促進
⑤「関与しながらの観察」を可能にする
⑥絵画や粘土等は**治療者—患者関係の緩衝的媒体**となる

■ 以下のように、芸術療法にはさまざまなものがあります。粘土やクレヨン、箱庭療法の砂などは退行を促進しやすく、気持ちが緩みやすくなる可能性があります。コラージュやスクィグル（なぐり描きした線から連想したものを絵にする）などはスクールカウンセラーが行う場合もあります。

【さまざまな芸術療法】絵画療法（自由画、スクィグル、風景構成法など）／コラージュ療法／箱庭療法／音楽療法／心理劇／詩歌療法／舞踏療法／造形療法

箱 庭 療 法

■ 芸術療法の一つに箱庭療法があります。箱のなかで遊び、箱のなかに作品を作ることを重視して作られた、**ローウェンフェルトの世界技法**がはじまりとされます（岡田, 2020）。その後、スイスのカルフにより、箱庭療法が作られました。日本には河合隼雄が導入しました。

■ 箱庭療法は、内側が水色に彩色された箱に砂が入っており、人や動物、植物や建物、乗り物やその他さまざまなミニチュアを用いて、自由に自分の世界を作ります。ミニチュアを用いず、砂だけで作る場合もあります。砂を掘ると水色が現れるので、海や川、湖や池なども表現できます。子どもから大人までが対象です。

学校で使える芸術療法：コラージュ

■ コラージュ療法は1987年の森谷寛之の発表に始まります（杉野, 2011）。**コラージュ・ボックス法**と**マガジン・ピクチャー・コラージュ法**の２つが用いられることが多く、学校現場ではマガジン・ピクチャー・コラージュ法が行いやすいのではないかと思います。

■ マガジン・ピクチャー・コラージュ法では、雑誌やパンフレットから、何か心惹かれる絵や写真、文字などを自由に切って、台紙（画用紙）に貼ります（森谷, 2019）。用いる雑誌はできるだけ写真がついたもので、旅行や料理、ファッションやスポーツ、車や音楽などの趣味に関するものなどを用いるとよいでしょう。日頃から旅行関連や通販カタログ等、無料のものを集めておくと便利です。筆者は八つ切りの画用紙を台紙として用いています。ハサミと糊も用意します。

■ 教示は「雑誌から好きなものや気になるものを自由に切って、画用紙に好きなように貼ってください」などと言います。際限なく時間がかかる場合も考えられるので、学校で実施する場合は、はじめにおおよその時間を決めた方がいいと思います。完成したら、画用紙の後ろに日付と名前を書いてもらいます。

■ 数人で同時に実施した場合は、少人数のグループで自分の作品を紹介し、他の人は質問したり、その作品の素敵なところを伝えたりといったシェアリングを行ってもいいでしょう。シェアリングを行うことで、自己開示や他者理解、他者から受け止められた体験につながります。コラージュなど芸術療法では、普段はわからないその人の内面がうかがえ、他者理解が深まります。個別で実施した時（児童生徒一人が作り、教員が見守る）は、児童生徒に説明してもらい、教員は質問したり、その作品の素敵なところを伝えたりします。注意すべき点は、**評価をしない、分析をしない**ということです。作品は「味わう」ことが大切です。また、**決して無理には作らせないでください。**

（春日　由美）

●•••

子どもと先生を幸せにする「おすすめ書籍」

『コラージュ療法の可能性—乳幼児から思春期までの発達的特徴と臨床的研究—』西村喜文（2015）創元社

『コラージュ療法』加藤孝正監修・杉野健二著（2011）黎明書房

●•••

第4節 ┃ フォーカシング

> ✓ 「フォーカシング」は、言葉にならないあいまいなからだの「感じ」(フェルトセンス)を丁寧に扱う方法
> ✓ 「こころの天気」はフォーカシングの1つで、気持ちを天気にたとえる方法
> ✓ 「こころの天気」では、子どもの描いた絵を評価しない

フォーカシングとは

■ 「フォーカシング」とは、ユージン・ジェンドリン(第1節で取り上げた「来談者中心療法」のロジャーズの共同研究者)が提唱した方法です。フォーカシングでは、まだ言葉にならないあいまいなからだの「感じ」にゆっくり丁寧に注意を向けようとします。この「あいまいなからだの感じ」のことを専門用語で「フェルトセンス」と呼びます。

■ たとえばこの本を読んでいるあなたが、食堂でメニューを選ぶ時のことを思い浮かべてみてください。あなたはどうやってメニューを選びますか? 自分の栄養状態を分析して選ぶこともあれば、なるべく安くてカロリーのあるものを選ぶこともあるでしょうが、多くの場合は自分の身体に確認して、より「しっくりくる」メニューを選ぶのではないでしょうか。この時の、理屈ではない、なんだかよくわからないけど「しっくりくる」という感覚がフェルトセンスです。

■ または、「理屈ではわかるけど、なんだか納得できない」なんてことはありませんか?理屈ではわかっているのだから、それ以上でも以下でもないはずなのに、納得できずになんだか違和感がある。この違和感こそがフェルトセンスです。それは言葉でいくら表現しようとしても表現しきれないような、漠然とした「感じ」です。

■ フォーカシングでは、このフェルトセンスにやさしく注意を向け、丁寧に味わい、表現していきます。フォーカシングは、被援助者にとっても援助者にとっても有用な方法です。本節では、学校で実施しやすいフォーカシングの方法を1つ紹介します。

こころの天気描画法 (重要資料13-1 を必ず読みましょう)

■ 今の気持ちを「天気」にたとえて絵に描いてみる、とてもシンプルな方法です。自分のこころを絵に描くことで、気持ちがスッキリしたり、クラスの雰囲気が落ち着いたりすることが知られています。

■ ここでは伊達山(2013)(「おすすめ書籍」村山(2013)掲載)の方法を紹介します。

①筆記用具(色鉛筆等)を用意し、「こころの天気」記入用紙に名前と日付を書きましょう。

図13-4 こころの天気ワークシート

②ゆっくり息をしながら、今の自分のこころはどんな天気かな、と感じてみましょう。

③こころに浮かんできたことをそのまま用紙に描きましょう。絵は下手でいいですよ。浮かんできたものが天気でなくてもいいんです。

④できあがったら、それが今の自分の気持ちにピッタリなのかを確かめ、付け加えたいことがあれば描き加えましょう。

⑤今の気持ちにピッタリとなったら、それについての説明や今の気持ちを書いてみましょう。

■ 子どもが描くどんな「こころの天気」も、「あなたは今こんな感じの気持ちなんだね」等とそのまま受け止めるようにしましょう。絵の上手下手を評価してはいけません。

■ この方法を学校で実施する際に2点を注意してください。

①図画工作や美術とは異なり、成績をつけることが目的ではないことを伝えましょう。子どもたちは先生が思っている以上に評価を気にします。

②1対1でも集団でも実施できますが、集団で実施する場合はとくに、机間巡視を行い、描くことでかえって辛そうにしている場合は声をかけて、無理をさせないようにしましょう。子どもは先生が思っている以上に、これを課題ととらえて無理にでも完成させないといけないと考えてしまうところがあります。これはあくまで表現することで気持ちを落ち着けたり、心の余裕をもったりするための方法ですから、絵を描くことでかえって落ち着かないようなら、それはそれで大切な気持ちであることを伝え、決して無理をする必要はないことを伝えるようにしましょう。

(押江　隆)

おさえておきたい「重要資料」

13-1「こころの天気」土江正司 https://sinsined.com/focusing/tenki/

子どもと先生を幸せにする「おすすめ書籍」

『こころの天気を感じてごらん―子どもと親と先生に贈るフォーカシングと「甘え」の本―』土江正司（2008）コスモスライブラリー

『フォーカシングはみんなのもの―コミュニティが元気になる31の方法―』村山正治監修、日笠摩子・堀尾直美・小坂淑子・高瀬健一編著（2013）創元社

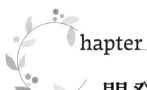

hapter 14

開発予防的教育相談

 第1節 │ **開発予防的教育相談とは**

- ✓ 解決困難な課題となる前の段階で未然に予防する
- ✓ 教員が子どものストレスをいち早く見つけて対応する
- ✓ 子ども自身も自らのストレスに気づき自ら対処できるようになる

開発予防的な教育相談の意義と内容 （「重要資料」14-1 を必ず読みましょう）

■ 生徒指導提要（改訂版）（2022）（「重要資料」14-1）では、深刻な問題行動や悩みといった解決困難な課題が起こらないための未然防止教育と早期発見対応が重視されています。児童生徒全員の発達支援を促した上で、課題の徴候がみられる一部の児童生徒を早期に発見して対応し、それでも特定の児童生徒に課題があらわれた場合には専門家の支援も借りて対応する生徒指導の**重層的支援構造**が提唱されています。

■ 石隈（1999）は、図 14-1（上記の対応のポイントも参照）のように、学校が子どもに対して行う**心理教育的援助サービス**には以下のように三段階あるとしました。

①児童生徒全員に対して学校全体で取り組む一次的援助サービス
②登校しぶりや学習意欲の低下の徴候にクラスに働きかける二次的援助サービス
③不登校、障害、非行などに専門家の力を借りて支援する三次的援助サービス

まず①の一次的では、児童生徒の入学時に丁寧なガイダンスを行ったり、友人と親しみをもつための集団活動を実施したりすれば、学校への安心感がもてます。②の二次的では、クラスへの適応状態を調べるアンケートなどを実施し、児童生徒が苦戦している要因への対応をします。以上の 2 つは開発予防的なサービスです。それでも解決困難な課題が生じた場合には、③のように三次的で、スクールカウンセラー（以下、「SC」）などか

③三次的援助サービス
（不登校、障害、非行）

②二次的援助サービス
（登校しぶり、学習意欲の低下）

①一次的援助サービス
（入学時の適応、学習スキル、対人関係スキル）

図 14-1　3 段階の援助サービスと対象とする問題の例（石隈（1999）を参考に著者作成）

ら支援を受けたり、時には医療機関などに相談したりします。一次や二次の段階で、子ど

ものストレスを軽減しておくのが開発予防的には何より大切です。

■ 一次的援助サービスとして、学期のはじめに学級への適応を良くするような集団活動を実施することは、学校への安心感が高まります。また、年度の途中にも心理教育をくり返し行うことで、課題を抱える前に子どもたちに知識を与え、課題が生じたり、こじれることを未然に防ぐことができます。たとえば自殺予防につながる**SOSの出し方**についての教育や、ストレスを軽減するための**ストレス・マネジメント**を教えたり、人を傷つけない言語活動などを学ぶ**ソーシャルスキル・トレーニング**を行うことは有効です。

教員の観察力と共感的理解 （「重要資料」14-1 を必ず読みましょう）

■ 子どもの問題行動を未然に防ぐには、子どものストレスにいち早く気づく教員の**観察力**が求められます。また教員は、子どもへの観察力を働かせた上で子どもに寄り添った**共感的理解**をすることが必要です。子どもの問題行動を理解する際には、すべての教職員が協力して子どもたちを支援する**チーム支援**も必要です。**チーム支援**のなかでも多くの教職員の目による情報収集は大切で、早期発見や早期支援につながります。さらに対応後に改善・回復した後も、チームとして継続的に支援することが大切です。

子どもがみずからを助ける力の育成 （「重要資料」14-2 を確認しましょう）

■ 子どもがいじめなどで困った時に、みずから**援助要請**を出すことは重大な事案になるのを防ぐ契機にもなります。東京都教育委員会（2018）（「重要資料」14-2）では、困った時に少なくとも3人の大人に相談することがアドバイスされています。そのためにも教員が豊かな感受性で子どもたちを観察し、受け入れる姿勢を示すことが必要なのです。教員に受け入れる姿勢があれば、子どもたちも安心してSOSを発信できます。児童生徒が相談できる安心感を基盤にしてSOSを発信するためにも、教員が安心して相談できる相手になることが必要です。

（田邊　敏明）

おさえておきたい「**重要資料**」
14-1 「生徒指導提要（改訂版）」文部科学省（2022）第1章
14-2 「「SOSの出し方に関する教育」を推進するための指導資料について2　DVD教材『自分を大切にしよう』」東京都教育委員会（2018）
　　子どもと先生を幸せにする「**おすすめ書籍**」
『学校心理学―教師・スクールカウンセラー・保護者のチームによる心理教育的援助サービス―』石隈利紀（1999）　誠信書房

第2節 | ストレスマネジメント

- ✓ ストレスに気づこう
- ✓ ストレス反応を違ったものにする工夫をしよう
- ✓ うまくいったら自分で続けてみよう

ストレスへの気づき （「重要資料」14-3 を確認しましょう）

■ 子どもの問題行動の多くにはストレスが関係しており、そのストレスを軽減する必要があります。たとえば難しい課題を与えられた時に、自分にはとてもできそうにないと思って気持ちが暗くなるのが**ストレス反応**です。難しい課題が**ストレス刺激（ストレッサー）**です。実際のストレス反応では、暗い気持ちのほかにイライラして動き回ったり、しだいに体が重く感じたりもします。このようにストレス状況では、気持ちと行動と体の反応が自分の内部で悪循環を起こすことがあります（図14-2, 伊藤 (2005)）。

■ この悪循環を止めるにはどうしたらよいでしょうか。まず自分のストレスが何から起こっているか見つけることが大切です。ストレスと思われるものに対処して気持ちが軽くなったら、それがストレス刺激だとわかります。ストレスの対象に気づくと、とらえ方を変えたり、対処したり、それでもむずかしければ回避したりすることもできます。

ストレス反応を変える工夫 （「重要資料」14-3 を確認しましょう）

①状況の受け取り方をまず変えてみる
②ストレス対処行動をなるべく多く試してみる
③信頼のおける人や自分の得意なことなどサポート資源を豊富に活用する

■ ストレス刺激がストレス反応となるには、状況の受け取り方が影響していることが大きいのです。「自分にはとてもできそうもない」とポッと浮かぶ考えのことを**認知行動療法**では**自動思考**といいます。上の①のように、この自動思考を違った考え方に変えてみるのが最初に思いつく工夫です。自動思考はしばしばネガティブでたとえば「自分は能力がない」といった信念から生まれてくることが多いのです。この信念を変えることは難しいですが、信念から生まれた自動思考を修正することは可能です。「0 か 100 か」や「過度な一般化」をしていないか、思考の歪みを見直してみましょう。「とてもできない」を、「以前に人に教えてもらってできた」とか、例外を見つけてバランスの良い思考にするのです。これは**認知再構成法**と呼ばれます。

■ 図 14-2 のアセスメントシート（伊藤, 2005）には、ストレス反応を抑える**ストレス対処**

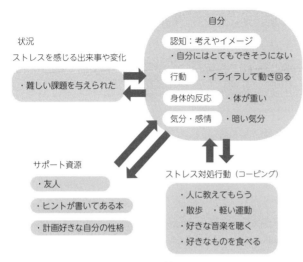

状況
ストレスを感じる出来事や変化

・難しい課題を与えられた

自分

認知：考えやイメージ
・自分にはとてもできそうにない

行動　・イライラして動き回る

身体的反応　・体が重い

気分・感情　・暗い気分

サポート資源

・友人

・ヒントが書いてある本

・計画好きな自分の性格

ストレス対処行動（コーピング）

・人に教えてもらう
・散歩　・軽い運動
・好きな音楽を聴く
・好きなものを食べる

図 14-2　アセスメントシートの記入例（伊藤（2005）を参考に著者作成）

行動（コーピング）やサポート資源も示されています。②の対処行動としては、身体的な反応を抑えるために深呼吸をして緊張をほぐしたり、散歩や軽い運動をして気分転換を図ったりすることがあります。気分が落ち込んだ時には、気分の良くなる行動を取り入れるのも効果的です。自分が好きな音楽を聴いたり、好きなものを適度に食べたりするのも良いでしょう。また③のサポート資源の活用では、信頼のおける人に相談してみるとことも有効です。思いがけない方法を教えてもらったり、他の人に仕事を分担してもらう発想も生まれたりします。またヒントが書いてある本を探したり、自分の性格や特技を活かしてみたりするのも良い工夫です。

自分に合った方法（工夫）を見つけて継続する

■ 考えられる対処行動の中でも、自分ができそうな、そして負担が少ないような方法（工夫）を見つけることが大切です。自分に合った方法をホームワークとして自宅で続けるとさらに効果が上がります。また実際に行った方法によってストレスが軽減されたかどうかを確認することも必要です。現在では、科学的根拠に基づいて効果を確認するエビデンス・ベイスト（Evidence Based）という考え方があります。不安が80％から30％に下がったら、かなり効果があったということです。**ストレス対処行動**と**サポート資源**が多いほど、最初は危険を感じた出来事でも不安は低くなります（大野，2003）。

$$不安 = \frac{危険}{ストレス対処行動（コーピング）＋サポート資源}$$

（田邊　敏明）

おさえてほしい「重要資料」

14-3 CLARINET へようこそ　「第 2 章 心のケア 各論」文部科学省（2003）

　　子どもと先生を幸せにする「おすすめ書籍」

『ストレスマネジメントフォキッズ』ストレスマネジメント教育実践研究会編（2003）東山書房

『イラスト版　子どものストレスマネジメント　自分で自分を上手に助ける 45 の練習』伊藤絵美（2016）　合同出版

第3節 | ソーシャルスキル・トレーニング

- ✓ 相手を受け入れ、相手の特徴を理解する
- ✓ 自分の主張もしなやかにできるようになる
- ✓ 目標とするスキルを模倣して身につける

相手を理解して受容する （「おすすめ書籍」（相川充, 2009）を読みましょう）

■ 幼少期や児童期のソーシャルスキルが不足すると、後に不登校になったり、問題行動が現れたりする場合もあります。ソーシャルスキルとしてまず大切なのは、相手と良好な関係になることです（相川, 2006）。そのためには相手を**受容**すること、つまり相手の話をよく聴くことです。方法としては、話をさえぎらず、話題をそらさず、批判は挟まずに人の話を聴くことです。具体的には、相手の話を映すように聴いたり、心と体を傾けるように聴いたりします。その結果、相手がどのような感情をもって行動しているかなどの相手の特徴も理解できます。相手の特徴を知ると、その相手とどのような関係をもつかという目標が定まり、対応の仕方も決まります。

自分の主張もする （「おすすめ書籍」（相川充, 2009）を読みましょう）

■ 相手の話をしっかり聴くのは、相手とうまく接するために必須です。一方で言いたいことを言えずにうっぷんが溜まってもいけません。自己主張も必要です。そうはいっても相手を攻撃して怒らせては後で困ったことになります。つまり、相手を尊重した上で自分も言いたいことが言えるようなしなやかな主張が望まれます。そのしなやかな主張のことをアサーションといいます。

ソーシャルスキル・トレーニングの方法 （「おすすめ書籍」（相川充, 2009）を読みましょう）

①本人がこうなりたい目標に何が足りないかを支援者が言葉で優しく教示する
②実際に上手な人が模範を示して模倣させてみる（モデリング）
③身につくまでリハーサルをする
④実際の場面でうまくできるかどうかを見て調整する

■ ソーシャルスキル・トレーニングの方法（相川, 2009）としては、まず①のように支援者が「本人がこうなりたい目標に何が足りないか」を優しく教示して、実際に上手な人が模範をして見せて、それを模倣させる②のモデリングという方法があります。シャイな性

格の人には、主張的なスキルをして得をするといった行動をモデリングしてもらうのも良いでしょう。そして③のように、模倣したことを身につくまで何回も**リハーサル**します。最終的には結果をフィードバックして、④のように実際の場面でうまくできるかどうかを見ながらやり方を変えていきます。

ソーシャルスキル・トレーニングの例 （「重要資料」14-4 を読みましょう）

■ ソーシャルスキル・トレーニングのなかでもしなやかな主張を身につける訓練を**アサーション・トレーニング**といいます。たとえばうまく断りたい場面では、まずは謝り、理由をつけて説明し、断りを表明し、代替案を示せば、相手も怒らず受け入れてくれるでしょうし、自己主張できます（相川, 2009）。

> 例：読みたい本を先に見つけたが、友だちもそれを借りたい状況
> 友だち「あっ、その地理の本、借りたいんだけど」
> 自分「ごめん（**謝る**）。その本、僕の方が先に借りたいんだ。2日後に授業の発表があってこの本を参考にしたいんだ（**理由をつけて表明**）。その代わり、発表が終わったらすぐに返して、君が借りられるようにするから（**代替案**）。まずは僕に貸してもらえないかな。」

たとえば上の例のように伝えれば、相手も事情を察して受け入れてくれるでしょう。アサーションは自分も相手も大切にするコミュニケーションと言えます。

■ またアサーションでは怒りを制御することも重要です。怒りを抑制する方法として**アンガー・マネジメント**があります。自分の怒りに気づいたら、それがどこから起こっているかをまず考えます。たとえば自分は「べき思考」になりやすければ、「人はこの考えに従うべき」を「人それぞれに価値観は違う」など柔軟に考えてみます。また怒りの対象から距離をとるために、怒りを感じたと同時に10数えるという実践的な方法もあります（湯川, 2014）。他の場所に移動して、クールダウンするのもよいでしょう。怒りの出来事とその気持ちや理由を紙に書き出す方法もあります（湯川, 2008）。ただし書いたものはネットには絶対にあげないで、誰にも知られないようにしてください。そうするうちに、いつしか怒りも鎮まってくるのではないでしょうか。

（田邊　敏明）

おさえておきたい「**重要資料**」

14-4「育てよう！ソーシャルスキルを学校で」三重県教育委員会事務局研修分野（2009）

子どもと先生を幸せにする「**おすすめ書籍**」

『セレクション社会心理学20　新版　人づきあいの技術―ソーシャルスキルの心理学―』相川　充（2009）サイエンス社

『キレやすい子へのアンガーマネージメント―段階を追った個別指導のためのワークとタイプ別事例集―』本田恵子（2010）ほんの森出版

第4節 | 集団と個を育てる活動

✓ 他者から受け入れられている感覚のなかで個の自覚も生まれる
✓ グループに溶け込めるような雰囲気作りをこころがける
✓ 仲間として助け合う活動とそのふり返りのなかで、個としても集団としても成長する

構成的グループ・エンカウンター （「おすすめ書籍」（國分康孝, 1992）を読みましょう）

■ 構成的グループ・エンカウンター（SGE: Structured Group Encounter）では、教室内での授業のような多人数で行う活動で、問題行動を未然に防止するとされます（國分, 1992）。SGE は**育てるカウンセリング**とも呼ばれます。年度のはじめに学級の雰囲気作りのために活用されることもあります。SGE の流れは、**リーダーの教示**の後に**エクササイズ**をして、終了後に**シェアリング**をします。**エクササイズ**とは遊びを取り入れたグループでのゲームのようなもので、**シェアリング**とはエクササイズ後に感じたことをお互いに出し合い、ふり返ることです。

■ 構成的という点では、教員は能動的なリーダーとなる必要があります。一方で、強引に導くことは控え、子どもたちが気軽に参加できるように留意します。SGE では、集団から受け入れられ、自分でも気づかなかった自分の利点を教えてもらうことで、子どもたちの自己理解が促進されます。SGE では、このような豊かな人間関係のリレーションが重視されます。

■ SGE のエクササイズはさまざまなものがあります。その一つに、「職業選択で大切にしたいこと」を上位から順に記入し、グループの前で発表するものあります。集団から自分の意見が受け入れられるなかで、人の価値観には「やりがい、収入、地位・名誉、周囲の期待、適性、家族」など多様であることを知ります。勇気を出して言って良かったというふり返りと同時に、友人の意外な価値観への気づきも生じます。エクササイズの前には、どんな人の意見も受け入れられるようなウォーミングアップを導入しておくとよいでしょう。教員はエクササイズの効果がその時間内だけにとどまらず、日常生活にも広がるように心がけたいものです。

ピア・サポートおよび関連する集団活動 （「重要資料」14-5、6 を読みましょう）

■ 学級全体の雰囲気を向上させる SGE に対して、**ピア・サポート**（PS: Peer Support）の意義は、直面した問題を仲間とともに解決して成長することです。ピア・サポートでは、誰もが成長する力とみずから解決する力をもっており、人を支持するなかで成長するとされ

ます（「重要資料」14-5）。専門家から受けるサポート以上に、身近な人から受けるサポートには効果がある場合があります。その理由として、同じ年齢の子ども同士は、同じ背景をもっていたり同じ体験をしていたりすることが考えられます。不登校の児童生徒のピア・サポートでは、支援される側は不登校の体験を将来の自分の資源として見直せるようになります（瀬戸・森，2009）。一方で支援する側も、人の役に立っていることを実感し、自尊心も高まります。サポートする側とされる側のお互いが成長できるのです。この場合も活動のふり返りが大切であり、次の改善のヒントとなり、さらなるスキルの活動やサポート活動を目指すことにつながります。

■　山口県教育委員会が実施している AFPY（Adventure Friendship Program in Yamaguchi）（「重要事項」14-6）は、野外活動をヒントにした、他者と関わり合う活動を通して、個人の成長を図り、豊かな人間関係を築く活動です。図 14-3 のように、出会いからグループの一員として楽しく協力して活動できると、お互いへの信頼感が生まれます。それによってグループは課題の解決に向けて努力し合う「仲間」として成長できますし、さらなるチャレンジを目指そうとします。たとえば制限時間内で新聞紙のみを使って、できるだけ高いタワーを作る活動があります。終了後に、活動中にどのような工夫や協力がみられたかをグループでふり返ります。その場合、仲間同士で話し合うことができ、合意形成が図れているかが重要とされます。

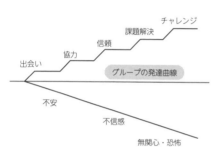

図 14-3　AFPY の実施にあたって意識する集団の発達過程（山口県教育庁, 2021）

（田邊　敏明）

　　　おさえてほしい「重要資料」
14-5「ピア・サポートの理念」日本ピア・サポート学会（2010）
14-6「 AFPY の推進「AFPY の手引き」山口県教育庁（2021）
　　　子どもと先生を幸せにする「おすすめ書籍」
『構成的グループ・エンカウンター』國分康孝（1992）誠信書房
『現代のエスプリ 502　ピア・サポート　子どもとつくる活力ある学校』中野武房・森川澄男
　編（2009）ぎょうせい

引 用 文 献

第1章
千葉聡（2010）．飛び跳ねる教室　亜紀書房

春日由美（2020）．教育相談研修への継続参加の要因に関する検討　山口大学大学院教育学研究科附属臨床心理センター紀要, *8*, 41-51.

文部科学省（2022）．生徒指導提要　改訂版

臼井真（2011）．CDブック　しあわせ運べるように　アスコム

第2章
深谷和子（編）（2011）．児童心理別冊　カウンセリングマインドと教師　金子書房

深谷和子（編）（2015）．児童心理別冊　教師のための話す技術・聴く技術　金子書房

石井順治（2010）．教師の話し方・聴き方　ぎょうせい

春日由美（2022）．ワークを用いた教員の教育相談に関する継続研修の検討——自己理解と他者理解を中心として——　臨床心理学, *22*(6), 749-758.

文部科学省（2022）．生徒指導提要　改訂版

教職員のメンタルヘルス対策検討会議（2013）．教職員のメンタルヘルスについて（最終まとめ）

村山正治（監修）（2005）．マンガで学ぶフォーカシング入門　誠信書房

第3章
文部科学省（2015）．チームとしての学校の在り方と今後の改善方策について（答申）

文部科学省（2022）．生徒指導提要　改訂版

第4章
青木省三（2022）．ぼくらの心に灯ともるとき　創元社

千島雄太・村上達也（2015）．現代青年における"キャラ"を介した友人関係の実態と友人関係満足感の関連——"キャラ"に対する考え方を中心に——　青年心理学研究, *26*(2), 129-146.

藤森旭人（2016）．小説・漫画・映画・音楽から学ぶ児童・青年期のこころの理解——精神力動的な視点から——　ミネルヴァ書房

藤村宜之（2008）．知識の獲得・利用とメタ認知　三宮真智子（編）メタ認知——学習力を支える高次認知機能——（pp.39-54）　北大路書房

古市裕一・玉木弘之（1994）．学校生活の楽しさとその規定要因　岡山大学教育学部研究集録, 105－113.

林創（編著）（2017）．発達心理学　公認心理師スタンダードテキストシリーズ⑫　ミネルヴァ書房

柏木惠子（1988）．幼児期における「自己」の発達——行動の自己制御機能を中心に——　東京大学出版会

水野君平・加藤弘通・太田正義（2017）．小学生のスクールカースト、グループの所属、教師との接触といじめ被害の関連　心理科学, *38*(1), 63－73.

水野君平・柳岡開地（2020）．中高生の「スクールカースト」と学校適応、顕在的・潜在的自尊心、仮想的有能感との関連の検討　パーソナリティ研究, *29*(2), 97-108.

宮下一博（1999）．アイデンティティ　心理学辞典（pp.4-5.）　有斐閣

永光信一郎（2018）．中学生・高校生2万人を対象にした思春期アンケート調査No.2　思春期の悩みと相談先について　https://tokuteikenshin-hokensidou.jp/opinion/005/003/002.php

大野久他（編）（2017）．君の悩みに答えよう 青年心理学者と考える10代・20代のための生きるヒント　福村出版

Perner, J.（1991）．*Understanding the Representational Mind.* The MIT Press.

Perner, J., & Wimmer, H.（1985）．"John thinks that Mary thinks that…": Attribution of second-order beliefs by 5- to 10-year-old children. *Journal of Experimental Child Psychology, 39,* 437–471.

佐久間路子・遠藤利彦・無藤隆（2000）．幼児期・児童期における自己理解の発達―― 内容的側面と評価的側面に着目して―― 発達心理学研究, *11,* 176-187.

佐藤有耕（2010）青年期の友人関係　大野久（編）エピソードでつかむ　青年心理学　シリーズ生涯発達心理学④（pp.147-183）ミネルヴァ書房

心理科学研究会（編）（2009）．小学生の生活とこころの発達　福村出版

心理科学研究会（編）（2019）．新・育ちあう乳幼児心理学――保育実践とともに未来へ―― 有斐閣

Sorce, J. F., Emde, R. N., Campos, J. J., & Klinnert, M. D.（1985）．Maternal emotional signaling: Its effect on the visual cliff behavior of 1-year-olds. *Developmental Psychology, 21,* 195–200.

Tomasello, M.（1999）．*The Cultural Origins of Human Cognition.* Harvard University Press.（トマセロ，M. 大堀壽夫・中澤恒子・西村義樹・本多啓（訳）（2006）．心とことばの起源を探る――文化と認知―― 勁草書房）

第5章

石井順治（2010）．教師の話し方・聴き方　ぎょうせい

不登校児童生徒の実態把握に関する調査企画分析会議（2021）．不登校児童生徒の実態把握に関する調査報告書

不登校に関する調査研究協力者会議（2016）．不登校児童生徒への支援に関する最終報告

増田健太郎（2016）．序章　不登校の現状と取組み　増田健太郎（編）不登校の子どもに何が必要か（pp.1-15）　慶應義塾大学出版

文部科学省（2017）．義務教育の段階における普通教育に相当する教育の機会の確保等に関する基本指針

文部科学省（2019）．不登校児童生徒への支援の在り方について（通知）

文部科学省（2020）．令和元年度 児童生徒の問題行動・不登校等生徒指導上の諸課題に関する調査結果について

文部科学省（2021）．令和3年3月1日 児童生徒の自殺予防について（通知）別添4　18歳以下の日別自殺者数（平成27年度版自殺対策白書（抄））

文部科学省（2022a）．生徒指導提要　改訂版

文部科学省（2022b）．令和3年度児童生徒の問題行動・不登校等生徒指導上の諸課題に関する調査結果概要

文部科学省（2022c）．令和3年度　児童生徒の問題行動・不登校等生徒指導上の諸課題に関する調査結果について

文部科学省 初等中等教育局参事官（高等学校担当）（2020）．高等学校通信教育の現状について

大場信子（2016）．不登校の子どものこころと援助　増田健太郎（編）不登校の子どもに何が必要か（pp.32-51）　慶應義塾大学出版

佐賀県教育委員会（2019）．すべての子どもたちに魅力ある学校生活を

山口県教育委員会（2021）．家庭訪問リーフレット　不登校の子どもや保護者のための家庭訪問

第6章

飯田順子・杉本希映・青山郁子・遠藤寛子（編）（2021）．いじめ予防スキルアップガイド　金子書房

Joiner, T. E., Jr., Van Orden, K. A., Witte, T. K., & Rudd, M. D.（2009）．The interpersonal theory of suicide: Guidance for working with suicidal clients. *American Psychological Association.*（ジョイナー，T. E., Jr.・ヴァンオーデン，K. A.・ウィッテ，T. K.・ラッド，M. D. 北村 俊則（監訳）（2011）．自殺の対

人関係理論──予防・治療の実践マニュアル── 日本評論社)

国立教育政策研究所（2021）．いじめ追跡調査 2016―2018　国立教育政策研究所

松本 俊彦（2016）．「いじめ」はいつ自殺に転じるのか　臨床心理学，*16*, 643-650.

文部科学省（2017）．いじめ防止等のための基本的な方針　改訂版

文部科学省（2017）．いじめの重大事態の調査に関するガイドライン

文部科学省（2022）．令和 3 年度 児童生徒の問題行動・不登校等生徒指導上の諸課題に関する調査結果について

文部科学省（2022）．生徒指導提要　改訂版

文部科学省（毎年実施）児童生徒の問題行動・不登校等生徒指導上の諸課題に関する調査結果について

森田 洋司・清永 賢二（1994）．新訂版　いじめ──教室の病い──　金子書房

山本奬・大谷哲弘・小関俊祐（2018）．いじめ問題解決ハンドブック　金子書房

第 7 章

法務省法務総合研究所（編）（毎年更新）犯罪白書　第 3 編　少年非行の動向と非行少年の処遇

五十嵐哲也他（編）（2022）．　先生に知ってほしい家庭のサイン　少年写真新聞社

石橋昭良（2018）．非行・問題行動と初期支援──早期解決につながる見立てと対応──　学事出版

警察庁生活安全局少年課（2022）．

国立教育政策研究所生徒指導研究センター（2011）．生徒指導資料 第 4 集 学校と関係機関等との連携──学校を支える日々の連携──

厚生労働省（2023）．令和 4 年版厚生白書

松本俊彦（2019）．市販薬（OTC 薬）乱用・依存の現状と防止に向けた課題　医薬品・医療機構等安全性情報，365, 17-21.

宮寺貴之（2020）．生徒指導提要の改訂に関する協力者会議（第 3 回）ヒアリング資料──近年の少年非行──

文部科学省（2022）．生徒指導提要　改訂版

文部科学省初等中等教育局児童生徒課（毎年更新）　児童生徒の問題行動・不登校等生徒指導上の諸課題に関する調査結果について　暴力行為

佐々木大樹（2017）．初期非行の指導　愛知教育大学出版会

田嶌誠一（2016）．その場で関わる心理臨床──多面的体験支援アプローチ──　遠見書房

第 8 章

日高庸晴（2021）．　多様性があたりまえの未来へ　国内最大規模の LGBTs 調査結果から・2──LGBTs の学齢期におけるいじめ被害・自傷行為・自殺未遂経験の現状──　助産雑誌，*75*(5), 370-375.

葛西真記子（編）（2019）．　LGBTQ+ の児童・生徒・学生への支援──教育現場をセーフ・ゾーンにするために──　誠信書房

葛西真記子・岡橋陽子（2011）．LGB Sensitive カウンセラー養成プログラムの実践　心理臨床学研究，*29*(3), 257-268.

加藤哲文（2000）．行動問題　小出進（編集代表）　発達障害指導事典　（pp. 184-185）　学習研究社

加藤哲文（2008）．行動問題への支援に必要なアセスメント──行動の形態面から機能面のアセスメントへ──　LD 研究，*17*(3), 314-322.

厚生労働省（2002）．国際生活機能分類－国際障害分類　改訂版

文部科学省（2005）．特別支援教育を推進するための制度の在り方について（答申）

小林重雄他（2012）．自閉症教育基本用語事典　学苑社

文部科学省（2012）．共生社会の形成に向けたインクルーシブ教育システム構築のための特別支援教育の推

進（報告）

文部科学省（2012）https://www.mext.go.jp/b_menu/shingi/chukyo/chukyo3/044/attach/1321668.htm（参照 2023/1/23）

文部科学省（2015）．性同一性障害に係る児童生徒に対するきめ細かな対応の実施等について．

文部科学省（2016）．性同一性障害や性的指向・性自認に係る、児童生徒に対するきめ細かな対応等の実施について（教職員向け）

文部科学省（2017）．いじめの防止等のための基本的な方針の改定及び「いじめの重大事態の調査に関するガイドライン」の策定について（通知）

文部科学省（2017）．中学校学習指導要領

文部科学省（2017）．発達障害を含む障害のある幼児児童生徒に対する教育支援体制整備ガイドライン――発達障害等の可能性の段階から，教育的ニーズに気付き，支え，つなぐために――

文部科学省（2021）．障害のある子供の教育支援の手引――子供たち一人一人の教育的ニーズを踏まえた学びの充実に向けて――

文部科学省（2017）．小学校学習指導要領

文部科学省（2019）．日本の特別支援教育の状況について（新しい時代の特別支援教育の在り方に関する有識者会議）

文部科学省（2022）．https://www.mext.go.jp/content/20221208-mext-tokubetu01-000026255_01.pdf

文部科学省（2022）．通常学級に在籍する特別な教育的支援を必要とする児童生徒に関する調査結果について

文部科学省（2022）．生徒指導提要

文部科学省（2022）．通常の学級に在籍する特別な教育的支援を必要とする児童生徒に関する調査結果（令和4年）について

日本 LD 学会（2017）．LD・ADHD 等関連用語集　第4版　日本文化科学社

OECD（2019）．他国と比べた日本の状況は？

Palma, T. V., & Stanley, J. L. (2002). Effective counseling with lesbian, gay, and bisexual clients. *Journal of College Counseling, 5*(1), 74-89.

大久保賢一（2019）．3ステップで行動問題を解決するハンドブック――小・中学校で役立つ応用行動分析学――　学研プラス

Sugai, G., & Horner, R. R. (2006). A Promising approach for expanding and sustaining school-wide positive behavior support. *School Psychology Review, 35*(2), 245–259.

杉山尚子他（1998）．行動分析学入門　産業図書

杉山尚子（2005）．行動分析学入門――ヒトの行動の思いがけない理由――　集英社

高津梓（2022）．叱らずほめて伸ばすポジティブな特別支援教育――子どもの行動変容を促すアプローチ――　明治図書

柘植雅義（2014）．はじめての特別支援教育　有斐閣

山本淳一（2018）．行動分析学の基礎と応用――「発達支援」「認知・行動療法」にいかす――　日本認知・行動療法学会第44回大会 WS06

第9章

児童虐待防止対策に係る学校等及びその設置者と市町村・児童相談所との連携の強化について（2019年2月28日初等中等教育局長等通知）

厚生労働省（毎年公表）．全国児童福祉主管課長・児童相談所長会議資料

厚生労働省（2013）．子ども虐待対応の手引き

文部科学省（2020）．学校・教育委員会等向け虐待対応の手引き　改訂

文部科学省（2022）．生徒指導提要　改訂版

ミラー，アリス（2013）．魂の殺人——親は子どもに何をしたか　新曜社

森田ゆり（作）平野恵理子（絵）（2019）．あなたが守るあなたの心・あなたのからだ　童話館出版

第10章

深谷和子（編）（2013）．保護者面談・親面接を深める　児童心理6月号臨時増刊　金子書房

春日由美（2010）．子どもの年齢による子育ての悩みの差異に関する一考察——乳幼児から中学生の保護者への質問紙調査を通して——　南九州大学子どもの学び研究室テクニカル・レポート, 6, 1-12.

春日由美（2022）．教員における保護者との信頼関係づくり——教員と保護者双方への調査から——　山口大学教育学部研究論叢, 71, 31-40.

厚生労働省（2022a）．令和3年度全国ひとり親世帯等調査結果の概要

厚生労働省（2022b）．令和3年（2021）人口動態統計月報年計（概数）の概況

厚生労働省（2022c）．2021年　国民生活基礎調査の概況

中田洋二郎（2002）．子どもの障害をどう受容するか——家族支援と援助者の役割——　大月書店

大阪府教育委員会（2007）．平成18年度大阪府学力等実態調査報告書

内田利広（2014）．期待とあきらめの心理——親と子の関係をめぐる教育臨床——　創元社

内田利広（2014）．期待とあきらめの心理——親と子をめぐる教育臨床——　創元社

第11章

アメリカ国立子どもトラウマティックストレス・ネットワーク＆アメリカ国立PTSDセンター（著），兵庫県こころのケアセンター（訳）（2009）．サイコロジカル・ファーストエイド 実施の手引き 第2版　兵庫県こころのケアセンター　https://www.j-hits.org/_files/00106528/pfa_complete.pdf

金吉晴（編）（2006）．心的トラウマの理解とケア　第2版　じほう

国立大学法人大阪教育大学「別紙　附属池田小学校事件の概要」
https://osaka-kyoiku.ac.jp/university/emergency/safety/fuzoku_ikd/jikengaiyo.html

厚生労働省（2022）．令和4年版自殺対策白書　第2章第3節　学生・生徒等の自殺の分析
https://www.mhlw.go.jp/stf/seisakunitsuite/bunya/hukushi_kaigo/seikatsuhogo/jisatsu/jisatsuhakusyo2022.html

文部科学省（2009）．教師が知っておきたい子どもの自殺予防

文部科学省（2010）．子どもの心のケアのために——災害や事件・事故発生時を中心に——

文部科学省（2014）．学校における子供の心のケア サインを見逃さないために

文部科学省（2022）．生徒指導提要　改訂版

第12章

阿江竜介・中村好一・坪井聡・古城隆雄・吉田穂波・北村邦夫（2012）．わが国における自傷行為の実態——2010年度全国調査データの解析——　日本公衆衛生雑誌, 59(9), 665-674.

青木省三（2020）．思春期の心の臨床　第3版——日常診療における精神療法——　金剛出版

傳田健三（2016）．「子どものうつ病」再考　児童青年精神医学とその近接領域, 57(3), 415-424.

猪子香代（2012）．子どものうつ病——理解と回復のために——　慶應義塾大学出版会

国立精神・神経医療研究センター精神保健研究所　こころの情報サイト

厚生労働省（2013）．第13章　特別な視点が必要な事例への対応　子ども虐待対応の手引き

厚生労働省（2019）．職業性ストレス簡易調査票

厚生労働省（2019）．Selfcare. こころの健康　気づきのヒント集

厚生労働省（2022）．令和4年版自殺対策白書

金原洋治・高木潤野（2018）．イラストでわかる子どもの場面緘黙サポートガイド――アセスメントと早期対応のための50の指針―― 合同出版

河村茂雄（2006）．学級づくりのためのQ-U入門――楽しい学校生活を送るためのアンケート活用ガイド―― 図書文化

熊上崇・星井純子・熊上藤子（2020）．子どもの心理検査・知能検査 保護者と先生のための100%活用ブック 合同出版

京都府精神保健福祉総合センター こころの健康のためのサービスガイド〈中年期の心の健康〉

松本俊彦（2018）．人はなぜ依存症になるのか――子どもの薬物乱用―― 児童青年精神医学とその近接領域, *59*（3），278-282. https://doi.org/10.20615/jscap.59.3_278

松岡洋夫（2007）．統合失調症 精神神経学雑誌, *109*（2），189-194.

文部科学省（2003）．第2章 心のケア 各論 CLARINETへようこそ

文部科学省 情報化社会の新たな問題を考えるための児童生徒向けの教材、教員向けの手引書

文部科学省（2009）．教師が知っておきたい子どもの自殺予防

文部科学省（2009）．教職員のための子どもの健康観察の方法と問題への対応

文部科学省（2013）．教職員のメンタルヘルス対策について（最終まとめ）

文部科学省（2021）．令和2年度公立学校教職員の人事行政状況調査について

文部科学省（2022）．生徒指導提要 改訂版

Nakai, Y., Nin, K., & Noma, S.（2014）. Eating disorder symptoms among Japanese female students in 1982, 1992 and 2002. Psychiatry research, *219*（1），151–156.

NCNP病院国立精神・神経医療研究センター チック症・トゥレット症 https://www.ncnp.go.jp/hospital/patient/disease16.html

日本学校保健会（2021）．喫煙、飲酒、薬物乱用防止に関する指導参考資料――令和3年度改訂（高等学校編）―― 日本学校保健会

セリエ，ハンス 杉靖三郎・田多井吉之介・藤井尚治・竹宮隆（訳）（1988）．現代社会とストレス 原書改訂版 法政大学出版局

嶋根卓也・三砂ちづる（2005）．青少年と薬物乱用・依存 保健医療科学, *54*（2），119-126.

高木潤野（2021）．場面緘黙のある方への支援について 厚生労働省科学研究費補助金 研究報告書 場面緘黙症の実態把握と支援のための調査研究, pp.57-65

髙橋聡美（2020）．教師にできる自殺予防――子どものSOSを見逃さない―― 教育開発研究所

高瀬由嗣・関山徹・武藤翔太（編）（2020）．心理アセスメントの理論と実践――テスト・観察・面接の基礎から治療的活用まで―― 岩崎学術出版社

第13章

Axline,V.M.（1947）. *Play Therapy*. Houghton-Mifflin.（アクスライン，V.C. 小林治夫（訳）（1972）．遊戯療法 岩崎学術出版社）

伊達山裕子（2013）．こころの天気（小学校での実践） 村山正治（監修）日笠摩子・堀尾直美・小坂淑子・高瀬健一（編著）フォーカシングはみんなのもの――コミュニティが元気になる31の方法――（pp.34-35） 創元社

弘中正美（2020）．遊戯療法 野島一彦編著 臨床心理学への招待 第2版 ミネルヴァ書房

Kabat-Zinn, J.（1994）. *Wherever You Go, There You Are: Mindfulness Meditation in Everyday Life*. Hachette Books.（カバットジン，J. 田中麻里（監訳）（2012）．マインドフルネスを始めたいあなたへ 星和書店）

加藤孝正（監） 杉野健二（2011）．コラージュ療法 黎明書房

河合隼雄（1992）．心理療法序説　岩波書店

川瀬正裕・松本真理子・松本英夫（2015）．第Ⅴ部　心理援助の方法を知る――心理療法――　心とかかわる臨床心理　基礎・実際・方法（第3版）（pp.140-162）ナカニシヤ書店

倉戸ヨシヤ（2012）．ゲシュタルト療法．日本人間性心理学会（編）人間性心理学ハンドブック．第Ⅱ部　人間性心理学ワードマップ（p.289-291）　創元社

土江正司（2008）．こころの天気を感じてごらん――子どもと親と先生に贈るフォーカシングと「甘え」の本――　コスモスライブラリー

前田重治（1985）．図説臨床精神分析学　誠信書房

森谷寛之（2020）．芸術療法　野島一彦（編）　臨床心理学への招待　第2版　ミネルヴァ書房

森谷寛之・杉浦京子（1993）．第1部　コラージュ技法とは――コラージュ技法の導入方法――　森谷寛之・杉浦京子・入江茂・山中康祐（編）（1993）．コラージュ療法入門　創元社

村山正治（監）日笠摩子・堀尾直美・小坂淑子・高瀬健一（2013）．フォーカシングはみんなのもの――コミュニティが元気になる31の方法――　創元社

日本応用心理学会（2011）．教職員と保護者が知っておきたい 災害を体験した子どもたちの心のケア（PDF版）　https://j-aap.jp/?page_id=8579

西村喜文（2015）．コラージュ療法の可能性――乳幼児から思春期までの発達的特徴と臨床的研究　創元社

坂井誠（2018）．行動論・認知論的アプローチ　野島一彦・岡村達也（編）公認心理師の基礎と実践3 臨床心理学概論　（pp.76-87）　遠見書房

Rogers, C.R.（1951）．*Client-centered Therapy: Its Current Practice, Implications, and Theory*. Houghton Mifflin.（ロジャーズ, C. R.　保坂亨・諸富祥彦・末武康弘　（2005）．クライアント中心療法（ロジャーズ主要著作集第2巻）　岩崎学術出版社）

Rogers, C.R.（1957）．The necessary and sufficient conditions of therapeutic personality change. *Journal of Consulting Psychology, 21*（2），95-103．（ロジャーズ, C. R.　伊東博訳　（1966）．サイコセラピィの過程（ロージァズ全集4）　岩崎学術出版社）

氏原寛・亀口憲治・成田善弘・東山紘久・山中康裕（共編）（2004）．心理臨床大事典　改訂版　培風館

岡田康保（2020）．箱庭療法　野島一彦（編）　臨床心理学への招待　第2版　ミネルヴァ書房

土江正司（2008）．こころの天気を感じてごらん――子どもと親と先生に贈るフォーカシングと「甘え」の本――　コスモスライブラリー

第14章

相川充（2009）．セレクション社会心理学20 新版　人づきあいの技術――ソーシャルスキルの心理学――　サイエンス社

本田恵子（2010）．キレやすい子へのアンガーマネージメント――段階を追った個別指導のためのワークとタイプ別事例集――　ほんの森出版

石隈利紀（1999）．学校心理学――教師・スクールカウンセラー・保護者のチームによる心理教育的援助サービス――　誠信書房

伊藤絵美（2005）．認知療法・認知行動療法カウンセリング――CBTカウンセリング初級ワークショップ――　星和書店

伊藤絵美（2016）．イラスト版　子どものストレスマネジメント――自分で自分を上手に助ける45の練習――　合同出版

國分康孝（1992）．構成的グループ・エンカウンター　誠信書房

三重県教育委員会事務局研修分野（編）（2009）．H21年度　育てよう！「ソーシャルスキルを学校で」学級づくりにも役立つソーシャルスキルトレーニングの活用法　Received March 19, 2023 from http://www.mpec.jp/user/socialskill.pdf

文部科学省（2003）．CLARINET にようこそ　第 2 章心のケア　各論

文部科学省（2022）．生徒指導提要　改訂版

中野武房・森川澄男（編）（2009）．現代のエスプリ 502　ピア・サポート　子どもとつくる活力のある学
　　　校　ぎょうせい

日本ピア・サポート学会（2010）．ピア・サポートの理念　http://www.peer-s.jp/idea.html

大野裕（2003）．こころが晴れるノート──うつと不安の認知療法自習帳──　創元社

瀬戸隆博・森菜穂子（2009）．不登校とピア・サポートプログラム　中野 武房・森川 澄男（編）現代の
　　　エスプリ 502　ピア・サポート──子どもとつくる活力ある学校──（pp.150-160）ぎょうせい

ストレスマネジメント教育実践研究会（編）（2003）．ストレスマネジメント　フォ　キッズ──ストレス
　　　を知り上手につきあうために──　東山書房

東京都教育委員会（2018）．「SOS の出し方に関する教育」を推進するための指導資料について 2　DVD
　　　教材『自分を大切にしよう』初等編

山口県教育庁地域連携推進課（2021）．AFPY の推進「AFPY の手引き」

山口県教育庁地域連携推進課（2021）．AFPY の推進「AFPY 実践事例集」小学 6 年生「特別活動」
　　　http://www.pref.yamaguchi.lg.jp/soshiki/ 183/102729.html

湯川 進太郎（2008）．怒りの心理学　──怒りとうまくつきあうための理論と方法──　有斐閣

湯川 進太郎（2014）．くらしの扉　怒りをコントロール　朝日新聞　平成 26 年 4 月 21 日朝刊，p. 17

索　引

■■ 執筆者紹介（執筆順）■ ■ ■

高木　かおる（たかぎ　かおる）（はじめにの後のコラム）社会福祉法人相愛会相愛保育園・相愛ひめぎ保育園統括園長／宮崎県教育委員

春日　由美（かすが　ゆみ）（第1・2・3・5・10・11章、13章第2・3節）山口大学教育学部准教授

國廣　淳子（くにひろ　じゅんこ）（第3・11章）山口大学教育学部非常勤講師

五十嵐　亮（いがらし　りょう）（第4章1・2節）安田女子大学教育学部准教授

吉岡　和子（よしおか　かずこ）（第4章3節、第12章第1・4節）福岡県立大学人間社会学部教授

下田　芳幸（しもだ　よしゆき）（第6章）佐賀大学大学院学校教育学研究科准教授

佐竹　圭介（さたけ けいすけ）（第7章）広島国際大学大学院心理科学研究科講師

須藤　邦彦（ストウ　クニヒコ）（第8章第1節）山口大学教育学部准教授

松岡　勝彦（まつおか　かつひこ）（第8章第2節）山口大学教育学部教授

宮木　秀雄（みやき　ひでお）（第8章第3節）山口大学教育学部准教授

田中　将司（たなか　まさし）（第8章第4節）九州ルーテル学院大学人文学部助教

田中　理絵（たなか　りえ）（第9章）西南学院大学人間科学部教授

押江　隆（おしえ　たかし）（第12章第2節、第13章第4節）山口大学教育学部准教授

岩橋　宗哉（いわはし　もとや）（第12章第3節、第13章第1節）福岡県立大学人間社会学部教授

田邊　敏明（たなべ　としあき）（第14章）山口大学名誉教授

コラム
4章
松野下　真　山口県公立中学校校長
岸野　繭子　山口県公立高等学校教諭
小野　陽子　山口県公立小学校教諭
平野　晶子　山口県公立小学校教諭

8章
時乗　順一郎　山口大学教育学部教授（元山口県公立中学校校長）
田原　功三　山口県公立特別支援学校教諭
木村　和恵　山口県公立特別支援学校教諭
来島　芳子　山口大学教育学部附属学校園（特別支援学校）教諭

12章
西田　幸一郎　宮崎市教育委員会教育長
伊藤　豊　元山口県公立小学校校長
中川　敏子　山口大学教育学部附属学校園（特別支援学校）教諭

春日　由美

山口大学教育学部准教授

略歴：九州大学大学院人間環境学府人間共生システム専攻心理臨床学コース博士後期課程単位取得（博士（心理学））。臨床心理士、公認心理師。南九州大学（2009 年度〜 2018 年度）を経て、2018 年度より現職。研究の他、小・中・高等学校や大学、精神科クリニックにおいてスクールカウンセリングや心理面接を行ってきた。山口県公認心理師協会副会長、元宮崎県臨床心理士会副会長、元宮崎県教育委員会委員

著書・論文

春日由美（2010）．スクールカウンセラーに求められる準備と姿勢　髙橋紀子・吉岡和子（編）心理臨床、現場入門　初心者から半歩だけ先の風景（pp.12 - 16）　ナカニシヤ出版．

春日由美（2022）．ワークを用いた教員の教育相談に関する継続研修の検討：自己理解と他者理解を中心として，臨床心理学，22(6)，749 - 758.

春日由美（2022）．教師の教育相談研修における効果研究：自他意識と研修における居場所感の視点から，山口大学教育学部研究論叢，69，13 - 20.

春日由美（2021）．教育相談研修への継続参加の要因に関する検討，山口大学大学院教育学研究科附属臨床心理センター紀要，8・9・10・11（合併），41 - 51.

五十嵐　亮

安田女子大学教育学部准教授

略歴：京都大学教育学部卒業、九州大学大学院人間環境学府行動システム専攻修士課程修了、同博士後期課程単位取得（博士（心理学））。南九州大学人間発達学部講師（2016 年度〜 2018 年度）、同准教授（2019 年度）を経て、2020 年度より現職。

著書・論文

五十嵐亮（2020）．自己調整学習方略に基づく学生タイプの分類と大学生活の過ごし方の検討，南九州大学人間発達研究，10，3 - 11.

五十嵐亮（2019）．大学生における自己調整学習方略と主体的な授業態度との関連，南九州大学人間発達研究，9，35 - 44.

五十嵐亮（2018）．大学生における認識的信念及び認知的欲求の発達的変化，南九州大学人間発達研究，8，79 - 85.

五十嵐亮・丸野俊一（2017）．「授業研修会と授業実践の往還」を通した教師の学習過程に関する検討，南九州大学人間発達研究，7，3 - 13.

現場で役立つ教育相談入門──子どもたちの幸せのために

2023 年 11 月 15 日　初版第 1 刷発行

編著者　春　日　由　美
　　　　五　十　嵐　　亮
発行者　木　村　慎　也

・定価はカバーに表示　　　　印刷　モリモト印刷／製本　モリモト印刷

発行所　株式会社 北 樹 出 版

URL：http://www.hokuju.jp

〒 153-0061　東京都目黒区中目黒 1-2-6　（03）3715-1525（代表）